慈禧西逃

1901年的一次特殊旅行

杨红林 著

三联书店

目 录

序

辛丑回銮，一段模糊的往事

农历辛丑年七月二十五日（公元 1901 年 9 月 7 日）上午 11 时 30 分，在北京东交民巷的西班牙使馆，大清王朝全权代表奕劻和李鸿章与英、美、日、俄、法、德、意、奥、比、西、荷等 11 国代表分别在和约上签字。为处理去年庚子事变引发的争端，持续了将近一年的谈判终于宣告结束了。根据各方达成的协议，条约共 12 项条款，外加 19 项附件，其主要内容包括道歉、赔款、惩凶等事项。由于李鸿章的据理力争，列强勉强同意对在义和团事件中应负主要责任的慈禧太后不再追究，并保证在"惩办祸首"的条款中不提及她的名字。

而在距北京两千多里之外的西安，慈禧太后及手下大臣正翘首企盼，焦急地等待着谈判的结果。当天下午，《辛丑条约》签署的消息和具体内容通过电报传到西安。接到电报后，此前还一直提心吊胆的慈禧太后终于长舒了一口气。回首往事，老佛爷不禁感慨万千。

自大清朝定鼎中原以来，共有两位皇帝因外敌入侵而被迫率宫眷逃出北京。而巧合的是，这两次逃亡居然都被慈禧赶上了：1860 年英法联军入侵北京时，身为皇贵妃的慈禧跟随咸丰皇帝到热河避暑山庄"秋狝"，并在那里躲避了将近一年的时间才返回北京；1900 年八国联军攻入北京时，身为皇太后的慈禧携光绪皇帝等仓皇"西狩"，一路颠沛流离，最终抵达西安才算安顿下来，同样也是待了将近一年后才启程返回北京。尽管这两次逃亡时隔整整40年，但情形却是多么相似！

回想1900年，由于愤恨洋人对自己施政的干涉，面对闹得越来越凶的义和团，在手下一班王公大臣的鼓动下，慈禧太后竟不顾后果地向列强集体宣战，号召臣民"与其苟且图存，贻羞万古，孰若大张挞伐，一决雌雄"。然而老佛爷很快就绝望地发现，号称刀枪不入的义和团"大师兄"们，在洋人的枪炮面前根本就不堪一击。眼看八国联军的炮声在北京城的上空隆隆作响，此时的老佛爷，除了恐惧与悔恨，所能做的就只有再度踏上逃亡之路了，于是便有了所谓的"庚子西狩"。

由于八国联军的来势比40年前英法联军更为凶猛，1900年的这次皇家逃亡，一路上可谓凄惶无比。七月二十一日凌晨，慈禧太后身穿蓝布大褂，乘坐其弟桂祥所驾之骡车，携光绪皇帝、隆裕皇后等人，在一干亲信太监、王公大臣和少量士兵的护送下仓皇撤离北京。之后，逃亡队伍出居庸关，在怀来稍事休整后继续西行，经鸡鸣驿、宣化等地到大同，再由大同南下到达山西省城太原。好不容易在太原休养了一个月，因风闻联军将攻打山西，老佛爷又不得不继续南下，至风陵渡过黄河入陕西，最终于九月初四抵达西安府。

流亡西安将近一年的时间里，陆续有众多官员从全国各地赶赴"行在"效力，慈禧太后的处境和心情也好了很多。而在这期间，虽然流亡朝廷依然能对各省份发号施令，但却不得不时刻关注占据着北京的洋人的情况。经过李鸿章等人的多方奔走，他们在忐忑不安中，终于同列强达成了和约。尽管王朝将为此付出沉重的代价，但令慈禧感到庆幸的是，由于获得了列强的宽恕，她终于可以再度返回京城执掌朝政了，从而才有了接下来的回銮之旅。

严格意义上讲，辛丑年的慈禧回銮之旅其实应该叫"两宫回銮"，即慈禧太后与光绪皇帝的回銮。不过由于自1898年戊戌变法之后，光绪皇帝就彻底沦为了傀儡，完全被遗忘在慈禧的阴影之中，因此人们很容易就将他忽略了。

八月二十四日，也就是和约签订整整一个月后，慈禧一行收拾停当，正式从西安起驾，由此踏上了2000多里、为期93天的回銮之旅。如果说去年的"庚子西狩"是仓皇急促的，那么今年的"辛丑回銮"则是漫长从容的。在老百姓的眼里，慈禧的这次长途旅行实在谈不上什么光荣。而在一些激进派知识分子看来，好不容易结束了流亡生涯的慈禧不但应该低调地返回京城，甚至应该向广大臣民们颁发"罪己诏"深刻检讨。

然而慈禧太后毕竟还是慈禧太后。尽管这个女人已经牢牢掌控朝政长达40年，经历各种大风大浪而屹立不倒，无数王公大臣都惶恐地拜伏在她的脚下，然而说到底，她毕竟只是一个见识有限的老太太。于是乎，原本并不光彩的回銮之旅竟被张扬得像凯旋一样。而沿途官员们献媚般的大肆铺张，则与百姓们的怨声载道形成了鲜明的对比。毫不夸张地讲，由西安返回北京的行程，对于慈禧而言无异于一次难得的长途旅行。在这次长途旅行中，慈禧太后貌似充满了闲情逸致，一路上访名胜、品美食、题字留念、烧香拜佛，真正是不亦乐乎。特别是在洛阳、开封两地驻留了较长时间，并游览了龙门石窟、关帝庙、大相国寺等名胜。与此同时，这次旅行又是极度奢侈的，据说前后竟花费了1300万两白银！对照当时的国耻民困，这多么具有讽刺意味！

有趣的是，或许是出于对皇家威仪的嘲讽与不满，或许是对慈禧本人腐化奢侈的奚落与愤恨，在民间，但凡慈禧所经之地，多多少少总会留下一些逸闻趣事。例如在河南、河北等地，民间就流传有各种慈禧遭到戏弄的故事。尤其是结合慈禧好吃这一点，沿途几乎每个地方都留下了有关的传说。如果将这类故事串联起来，后人会有趣地发现，当年的辛丑回銮之旅，简直就是慈禧版的《舌尖上的中国》：华阴的泉水、灵宝的烧饼、洛阳的水席、偃师的油饼、巩县的萝卜、荥阳的柿子、开封的糖醋熘鱼、延津的菠菜、淇县的烧臆子、汤阴的挂面、新店的石榴、邢台的藕、永年的驴肉、赵州的肘子、栾城的牛肉盒子……凡此种种，均已成为百姓茶余饭后的谈资。

不过从大历史的层面看，这些传说无疑充满了戏说的成分。值得一提的是，正是在这次旅途中，受到庚子国难刺激的慈禧太后开始反思帝国的前途命运，并出台了包括新政在内的一系列重大措施，从而奠定了清王朝最后几年发展变革的基调。只不过由于整个王朝已病入膏肓，统治者所有的努力最终也难以挽回颓势。整整十年后，在辛亥革命的炮声中，大清王朝迅速走向了覆灭。实际上除了吃喝玩乐，在慈禧回銮过程中，还发生了许多重大历史事件。遗憾的是，由于这一段历史毕竟不怎么光彩，因而在清朝的官方史书中，对于当年慈禧的具体形迹并无详细的记载，大多是泛泛而谈。目前所知最为详尽的记载，当属吴永所著《庚子西狩丛谈》。吴永作为当年慈禧的随行官员，在回銮时负责打前站，他后来对这一段经历有较为详细的追述。不过由于他随驾到开封后便前往广东任职了，因此对开封之后慈禧的行程记载得较为简略。

历史影像往往具有文字记载所无法比拟的说服力，而且更为形象生动。20世纪末，虽然照相术已传入中国很久，并且新闻报刊上也已印刷照片，不过对于清朝皇室而言，除了恭亲王奕䜣、醇亲王奕譞等个别人之外，照相还是很少见的事情。1900年庚子国难期间，一路仓皇西逃的慈禧及手下官员们，显然没有处处留影的闲情逸致。而迄今为止，反映慈禧回銮的照片数量也少之又少，目前能看到的只有当时西方人在正阳门一带拍摄的一些影像，且基本为远景。其中的原因其实并不难理解：根据当时的礼制，慈禧回銮关乎皇家尊严，沿途有将相机对准其拍照乃是大不敬行为。至于抵达北京后在正阳门被西方人拍摄，则实在是无力管束了。

　　幸运的是，本人在研究晚清历史影像之余，偶然发现了一套反映辛丑回銮沿途所经地方情形的照片，为目前国内所仅见。从照片的质量及拍摄风格来推测，这套照片应为当时负责打前站的官员请照相馆在銮驾抵达之前拍摄的。这些照片的内容，既有洛阳、开封等地预先为慈禧兴建的行宫、牌楼，也有河南、直隶各地慈禧驾临过的名胜古迹，还有地方官员们准备迎驾时的情形。实际上，在当年河南、直隶两省为迎接銮驾而专门制定的办差章程中，就包含有这方面的信息。例如河南省办差章程中就明文规定："所过地方每站进散图一份，内有名胜古迹，先考核明白，以备顾问。"而直隶大差章程中也有类似的规定："经过地方，每一站呈进散图一份，将境内古迹名胜之区，绘图贴说，并由地方官各归各境，考核明确，缮折汇交迎迓大臣，以备顾问。"从这个意义上讲，这批老照片恰恰可作为研究慈禧回銮之旅珍贵的史料补充。

　　本书即以这套照片为核心，结合官方史书、当时的媒体报道、当事人回忆录以及各类方志等对当年慈禧行程的记载，深入发掘照片背后的历史，从而为读者勾勒出这样一条线索：当年慈禧都去过哪儿？在每个地方发生了什么事？留下了什么趣闻？当地百姓及官员的命运如何？当年那些行宫署衙、名胜古迹如今何在？作者试图通过这一系列梳理，使人们认识一个不一样的慈禧，并且从一个独特的视角观察当时岌岌可危的大清王朝。

杨红林

2014 年岁末于北京

第一章

颠簸至洛阳

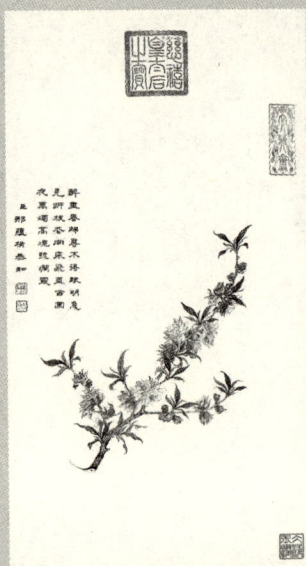

慈禧的画

一 别了，西安行在

吴永清楚地记得，慈禧太后老佛爷是光绪二十七年（1901 年，农历辛丑年）八月二十四日（公历 10 月 6 日）一大早离开西安行在，由此开始回銮之旅的。多年以后，每每回忆起这次旅程的前前后后，吴永都不禁感慨万千。

那时，吴永由于在庚子年危难关头迎驾有功而备受慈禧太后器重，从原先默默无闻的七品怀来县令骤升为四品前路粮台会办，之后从怀来到太原，又从太原到西安，一路护送老佛爷的銮驾，可谓劳苦功高。如今，眼看留守北京的大臣们与洋人已达成和平协议，且不管丧权不丧权辱国不辱国，反正这下流亡在外一年多的老佛爷同皇上总算可以大张旗鼓地返回京城了。不过此时的吴永或许也有所耳闻，尽管流亡朝廷在西安待了将近一年的时间，但关中百姓却恐怕丝毫不觉得有什么荣耀，反而早都盼着这伙王公显贵赶紧开路呢。

1. 启程

平心而论，西安虽号称十三朝古都，有千年帝王气象，但作为大清当国皇太后的慈禧老佛爷却无论如何也不会想到，自己有朝一日竟以逃亡者的身份来到这里。西安，已成为她人生当中一个挥之不去的噩梦。

遥想庚子年间，直隶、山东、河南乃至关外的东北等地闹起了义和团。

吴永（1865—1936年），字渔川，浙江吴兴人。先娶曾纪泽次女为妻，曾氏亡故后又娶盛宣怀之堂妹为继室。初为怀来知县，1900年庚子之乱时，因率先迎驾有功而深受慈禧器重，此后随驾至西安任前路粮台会办，可惜最终因身陷官场倾轧而遭排挤。晚年曾以亲历者的身份口述庚子"西狩"往事，由刘治襄记录，编为《庚子西狩丛谈》一书

这些来自底层的农民打着"扶清灭洋"的旗号组织起来，如洪水般以滔天之势一路涌入北京城。出于对洋人由来已久的恐惧与憎恨，朝中一干顽固派王公贵族和官员也纷纷表态支持义和团。最终由于同列强各国交涉破裂，加上听闻所谓洋人要求其"归政"光绪皇帝的传言，慈禧太后怒火中烧，竟不顾少数大臣的劝阻犯了回糊涂，与列强同时宣战。结果呢，号称刀枪不入的义和团大师兄们在八国联军的枪炮面前纷纷溃败。眼看洋人兵临城下，随时会攻入紫禁城，手足无措的老佛爷不得不携光绪皇帝及一干嫔妃、随从仓皇出逃。大清朝自开国以来最耻辱的这一幕，发生在庚子年七月二十一日。

想起逃难时节，那可真是凄惶无比、狼狈不堪。平日里养尊处优，过惯奢华生活的老佛爷，当日竟换上了一件蓝布大褂，光绪皇帝也身穿青洋绉大褂，娘儿俩活脱脱像一个农村老太太带着大侄子去赶集。洋人的枪炮声越来越紧，老佛爷一行也顾不得往日的讲究，在众随从的护卫下一路西逃。这一路风餐露宿、饥寒交迫，有时连小米粥都喝不上，窝窝头都当美食。沿途山川景色虽美，老佛爷却哪有闲情逸致欣赏？好在遇到了怀来县令吴永以及远道赶来勤王的岑春煊等"忠勇之臣"及时迎驾，才算惊魂方定。此后出直隶界一路向西进入山西，八月十七日到达省府太原。在太原刚过几天舒心日子，因风闻洋人准备攻打山西，老佛爷一行又被迫一路南下，渡黄河入陕西，于九月初四到达省府西安。这里毕竟地处偏远，洋人

西安府行宫宫门

西安府行宫花园。这两张照片系澳大利亚人莫理循拍摄于 1910 年考察西北途中。可以看出，作为当年慈禧太后的暂住之所，尽管已闲置了十年时间，但毕竟是以皇家规格建造的，因此这里维护得还算不错

1900年八国联军侵华时，开赴天津的美国军舰。美国人詹姆斯·利卡尔顿摄于1900年

1900年八国联军侵华时，天津被占。美国人詹姆斯·利卡尔顿摄于1900年

八国联军占领下的紫禁城，可以看到，昔日的皇家禁地已是荒草丛生，一派破败萧条景象。美国人詹姆斯·利卡尔顿摄于1900年

1900年八国联军侵华时，被俘房的义和团团民。美国人詹姆斯·利卡尔顿摄于1900年

岑春煊（1861—1933年），广西西林人，清末重臣，与袁世凯齐名，有"南岑北袁"之称。早年在维新变法中表现活跃，被提拔为广东布政使，戊戌政变后受到牵连，旋即贬为甘肃布政使。庚子之役，岑春煊抓住机会，率领两千人星夜兼程赶来"勤王"，逃难途中代替吴永作为前路粮台督办，护送慈禧一行平安到达西安。岑春煊这段勤王经历使他成为晚清政坛上的一颗新星

无论如何也不会前来骚扰。

　　对于大清当国皇太后和皇上的到来，西安府城的臣民们开始也一度表现出了无比的兴奋，就像过节一样。从潼关到西安，凡老佛爷一行所过之处，一律清水洒街、黄土铺路；所有沿街的房子均张灯结彩。老佛爷一行进城当天，虽然天公不作美下起了绵绵秋雨，但在地方官的组织下，成千上万的老百姓仍心甘情愿地跪在路旁迎驾。为了安顿好老佛爷一行，陕西的大小官员们可谓煞费苦心。经过一番精心准备，老佛爷最终入住拥有数百间房屋的陕西巡抚衙门*，当然，为布置这处临时行宫，银子也花了不少。不过好景不长，关中百姓对老佛爷的热情很快就烟消云散了。据记载，那年陕西正逢历史上罕见的旱、蝗大灾，受灾面积达60多个州县，饥民竟超过300万。而刚刚经历了颠沛流离之苦的老佛爷，一安定下来，马上又

---

* 慈禧一行最初抵达西安时，地方官员先将位于南院门的原陕甘总督衙门暂作行宫，后由于慈禧嫌这里房子太少，布置不合心意，无奈又将两宫安排在北院门巡抚衙门内暂住，同时加紧改建南院门一处几百间房屋的督署作行宫，完工后慈禧一行才正式搬了进去。

恢复了往日在京城的做派。尽管老太太一再强调要省吃俭用，但她的排场仍足以令西安的百姓咋舌。据史料记载，慈禧当时在西安行宫设有专门的"御膳房"，下设荤局、素局、饭局、菜局、粥局、茶局、酪局、点心局等，各类厨师有上百人。为满足其喝牛奶的习惯，陕西地方官特地紧急购买六七头奶牛。到来年夏天，因天气炎热，老佛爷每天又要喝冰镇酸梅汤，地方官绞尽脑汁，每天派人前往距西安100多里的太白山运回冰块供其享用。事后据初步估算，慈禧一行在陕西前后10个月期间，所花费的银子多达190多万两！

不难想象，对于这样的流亡朝廷，西安老百姓哪里还有什么感情可言？

幸运的是，到1901年初，随着北京方面传来与洋人议和成功的消息，不但老佛爷他们欣喜万分，西安的老百姓也是长舒了一口气呢。

眼看返回京城在望，流亡朝廷开始紧张地筹备起来。五月二十一日，朝廷以光绪皇帝的名义降发上谕一道："朕侍皇太后暂住关中，晌将经岁，眷怀宗社，时切疚心。今和局已定，昨谕令内务府大臣扫除宫阙，即日回銮。惟现在天气炎热，圣母年高，理宜卫摄起居以昭颐养，自应俟节后稍凉启跸，兹择于七月十九日由河南直隶一带回京，着各衙门先期敬谨预备。"

不过围绕着回京的路线，众大臣议论纷纷。有人建议先到河南，然后南下经襄阳至汉口，再乘火车由京汉铁路入京，这样路程最短；还有人居然建议老佛爷第一步先移驾上海，再由上海乘轮船北上回京。权衡再三，老佛爷最终觉得还是走陆路更稳妥些，因而敲定了经河南、直隶回京的路线，而正式启程回銮的日期则定在了八月二十四日。

对于慈禧太后即将开始的这次长途旅行，沿途各地官员高度重视，上上下下紧急行动起来，根据事前制定的章程精心准备，生怕万一出纰漏而丢了乌纱。根据礼部仪制司会同鸿胪寺各官员商议的章程，对于老佛爷的回銮，上自王公大臣，下迄五六品京官，都应行庆贺之礼。在出发前一天，流亡朝廷军机处就发布命令，当天的公务办理完毕后，下属各位章京＊即分为两班先行启程打前站。从西安至陕豫交界的阌乡由头班章京沿途办事；从阌乡至开封则由二班章京沿途办事。与此同时，以吴永等人为首的前路粮台负责核准定章。总体的预算方案为：皇差官车两千余辆，驴马应给草料，行路日给一两，驻跸减半；御辇所经道路必须以黄沙铺平，每里铺沙所花费白银20两左右，每60里地设一行宫。

为确保在銮驾第一天出发时不发生意外，陕西巡抚升允特地提前一天带着前站官员先行沿途检查准备情形，对第一天行程所需的休息、住宿、保卫等工作进行验收。令升巡抚颇为满意的是，只见大跸路经过的地方，临街人家都张灯结彩，重点区域还高高搭起黄缎扎成的彩棚，街道都用黄色土铺面；挨家门首摆好了香案，另外还有茶尖台子，台面上青果、糖果各色干点一应俱全。检查完毕，他才急匆匆返回西安迎接老佛爷的銮驾。

八月二十四日，老佛爷一行终于正式告别西安府城，踏上了回北京的旅程。关于当天的情景，吴永多年以后是这样回忆的：

> 八月二十四日辰刻，两宫圣驾自西安行宫启跸。阖城文武官吏，均先于宫门外齐集，伺候升舆。行李车先发。辰初三刻，前导马队出城，太监次之，各亲贵王公大臣，或车或马，又次之。俄闻静鞭三响，即有黄轿数乘，自行宫出，士民皆伏地屏息。皇上、皇太后先后乘黄轿出宫，皇后随后，向有扈驾诸王、大臣，又在其后，最后为大阿哥。衔尾重车无数，均系各衙门档案。曲折穿行大街中，辰牌向尽，始出南门。沿途市肆，各设香花灯彩；长安父老，均于南门外祗候跪送，恭献黄缎万民伞九柄。（吴永口述《庚子西狩丛谈》）

＊ 军机章京，俗称"小军机"，清朝官名。一般由内阁、各部、理藩院等衙门调派入军机处兼职，品级为五六品，负责办理军机处的日常工作，处理文书，记注档册，撰拟文稿，甚至可参与军机处新承办案件之审理以及跟随军机大臣或单独奉派往各省查办和处理政务。

而据当时上海《字林西报》派赴现场的记者报道：

　　二十四日黎明，号手吹起号筒，传令预备。城门大开，只见车马走卒纷纷齐集。到七点半钟，街路上人山人海，拥挤得人马难行。不多时，便有武官带领马队步队，前来驱逐闲人。闲人驱尽，只看见旗帜鲜明，迎风飘动，刀枪剑戟，照耀日光。到七点四十五分钟，先锋马队先出，后来是大小太监，再后是披马褂骑马的御前侍卫，再后是御舆数乘，里面安放些要紧奏折文件。再后是御前顶马卫队。当下传令人众跪伏，百姓立即跪伏路旁。缓缓的皇帝黄龙舆到了，舆用十六人肩抬，二十人手扶。其余有三乘鸾舆，都是预备不用，却同坐的一般无二。全用黄缎绣龙，镶嵌珠宝。皇帝鸾舆过去以后，接着便是皇太后鸾舆。太后身穿黄缎龙袍，长面、高颧、大口、厚唇，双目炯炯，精神好得很。但是比旧年到陕西时候，已觉老得许多。太后鸾舆过去以后，接着便是皇后。皇后玉貌甚是秀雅，只因满脸涂抹脂粉，反把天然的本色遮盖住了，显不出美貌丽容，望过去却像是一位官家女子模样。皇后鸾舆过去以后，接着是嫔妃。再后便是端王的儿子，己亥年十二月间立为皇嗣的大阿哥。大阿哥怎样相貌，未曾看见。大阿哥轿子过去以后，随后是各位亲王、各位军机大臣以及随跸的各种官员。直到八下钟时，才出南门。（转引自《回銮纪事》，《杭州白话报》，1901年第15期）

当时西方人关于慈禧回銮的漫画

清末西安城附近景象

清末西安城南门外景象，当年慈禧启程回銮时就是从这里出发离开西安的

该报还颇有深意地告诉读者，此番两宫回銮，行李很多，足足要用三千辆车子才得装完。两宫在路上每逢驿站住宿，一夜的开销便要用银子一万两。一路费用，都由经过地方的百姓供给，余外跟随的人，要这样，要那样，尚不在一万两之内。

慈禧离开西安后，为保存老佛爷曾使用过的楠木屏风、宫灯等物品，地方政府特地在马坊门建造了一座亮宝楼专门用于存放，亮宝楼门楣上还镶嵌着老佛爷题写的"静观自得"匾额。

按理说，河南在陕西的东面，銮驾本应直接出西安城的东门前行。但讲究风水的老佛爷却相信"南方旺气向明而治"，所以先出南门，再绕到东门。结果这样一番折腾，白白多绕了三分之二的路程。出城后，老佛爷先前往著名的八仙庵拈香进膳。这八仙庵地处西安城东郊，乃道教全真派圣地，因供奉著名的吕洞宾等八仙而得名。或许是为了祈求神仙保佑旅途顺利平安，老佛爷刚出西安城东关，便到八仙庵上香拜神。在八仙庵的西花园内稍事休息并进膳后，老佛爷开恩，当场封道长李宗阳为"玉冠紫袍真人"，并赏银千两令其扩建宫观。经李道长的恳请，慈禧还和光绪分别赐匾额"玉清至道""宝箓仙传"，并下令八仙庵更名为"清门万寿八仙宫"。

离开八仙庵之后，回銮大军才正式上路，赶赴头一天的驻跸地临潼县骊山行宫。

2. 该死的夏良才

俗话说，万事开头难。别看老佛爷贵为大清朝的皇太后，生杀予夺，天威赫赫，但一旦踏上千里迢迢的旅程，依然会遇到各种令人烦恼甚至愤怒的突发事件。

告别西安城后，第一天前行了40里，驻跸骊山行宫，顺便体验了一回著名的华清池，这一天还算顺利。却不料第二天驻跸临口镇时，居然就发生了天大的乱子。关于这起接待事故的前前后后，前路粮台吴永是这样追述的：

二十五日，由骊山行宫启銮，至临口镇驻跸。自骊山至此四十里，均临潼县境。临潼令夏良才绝无预备乃避匿不出。王公大臣多至枵腹，内膳及大他坦（大他坦，满语，即宫内太监住所——笔者注）均不得饱食，大他坦且无烟火，夜间殿上竟不具灯烛。上赏内监银二百两，令自觅食，此亦绝异之事。上年予在怀来时，奉匪围城，溃兵四窜，正性命呼吸之际，而两宫仓猝驾至，予尚能勉力供应，不至匮乏。此次则半年以前已有行知，有人可派，有款可领，何以草率至此？闻夏令实已领款二万七千金，掯不肯发，所以诸事不备。该令籍隶湖北，为陕藩李公之同乡，临时委署此缺，本期借皇差以得津润，既贪而庸，欲牟利而无其才，故至于如此荒谬。然两宫竟未有嗔责，此亦更历患难，心气和平，所以务从宽大也。予恐前站有误，即驰十五里过升店（属渭南县），略事部署；复前行三十五里，至渭南县，已傍晚，即就西城外觅一粮店住宿。行宫即在县署，颇宏整，较临潼殆天渊矣。

二十六日，在渭南候驾。申刻，驾到渭南行宫驻跸，离西安已一百八十里。督办前路粮台升允，奏参临潼县知县夏良才办事不当，贻误要差，并自请议处。奉旨：夏良才加恩改为交部议处，其自请议处之处，从宽免议，盖两宫以大驾方始发轫，不欲以供应之故，重罪有司，致沿途官吏，多增疑惧，用意固甚深厚也。（吴永口述《庚子西狩丛谈》）

然而事情的真相究竟如何？难道一个小小的临潼县令竟敢冒着杀头的危险拒绝为皇太后和皇上提供食宿服务？事实恐怕并非如吴永所认为的那样。

根据清朝的驿站制度，但凡官员过境，不论级别高低，地方官吏均应为之预备食宿。而此次两宫回銮，因事关重大，对各地的接待规格要求更高。根据事前制定的章程，例如饮食供应方面就明文规定，王公大臣为每人"上八八"一席，有海味及鸡鸭鱼肉菜品等八碗八碟；"下六六"一桌或数桌供随员及卫士等食用；中下级官吏每人"中八八"一桌，有鸡鸭肉菜等。当然，由于回銮队伍庞大，如此办席一次常达数百桌，以至于途经各州县所搭建的临时厨房往往竟能延至半条街。如果再加上其他方面的要求，前所未有的需索导致许多地方官苦不堪言，个别力不从心者干脆挂冠而去，宁可坐牢也不干了！结果老佛爷刚出西安城，临潼县令夏良才就撞在了枪口上。

这起接待事故发生后，当时官场曾流传这位小县官的"段子"：此人原本是候补知县，由于托了湖北老乡、陕西布政使李绍芬的关系，当然也花了不少银子才临时补缺为临潼县令。如今又好不容易承担了皇差，家底单薄的夏县长考虑到后半生的生计，居然决计拿自己的前程赌一把。虽然打着朝廷的旗号向百姓摊派了两万七千两银子，但夏县长却不肯拿出一文应付皇差，而是悄悄躲起来玩失踪。结果当回銮队伍抵达临潼县境内的临口镇驻跸时，上自慈禧皇太后、皇上，下至王公大臣、太监侍卫，竟统统没有饭吃。看到这般光景，陕西巡抚升允急得直跳脚，却因找不到负责的夏县长而无可奈何。最终还是自己临时出面张罗，才让老佛爷和皇上等人吃了顿饭，至于王公大臣以下则只能饿着肚子骂娘了。一怒之下，升巡抚除向两宫深刻检讨外，又直接弹劾夏良才。老佛爷登时勃然大怒，当即下令处死夏良才。幸亏心软的光绪皇帝出面求情，劝皇太后宽容为怀，以免给随后的旅途造成阴影，老佛爷这才咽下一口恶气，最终仅仅以宣布夏良才降级了事。

不过事情可能并没有这么简单，如果坊间流传的另外一种说法属实，那夏县长可真是冤枉呢。如若不信，我们且看《中外日报》当时评书范儿的报道：

起銮前一天，有太监几名到临潼县衙门，要宫门费一千二百两，口称如数付给，有各种的好处；若是付不如数，便有不测之祸。夏知县说我这个缺分清苦，实在是没有力量。太监说，没有现银，拿金银首饰作抵也可将就，夏知县又说家眷不在任上。太监讨个没趣，气哄哄走出衙门，临走时说道："唉！可惜一个知县，一千二百银子买不到手。"二十四日午后，忽有满口京话的大汉五六十名，自称是王大臣的仆人，一哄上前，到皇差公所厨房里，把那贵重肴馔抢劫一空。这时候夏知县已出境去迎驾，不曾得知，及至两宫到县城，晚膳已备办不及了，各位王大臣都是饿着肚皮。皇太后知道这事，登时大发雷霆，要拿问夏知县治罪。幸亏皇上在旁说，该县官想必另外再办晚饭，王大臣等便是没有晚饭吃，也都带有点心，不妨暂时充饥。太后听说，一口气稍平下去。谁知御膳里面，太监又胡乱去放些酱盐添些生水，好好的菜弄得不堪入口，太后这一气非同小可，大骂知县怎样不能办事。太监又挑唆道："知县官在外边说，老佛爷去年闹出乱子，是自家作的罪孽，还有什么脸面来要地方上供给。他现在也不愿办这个差了。"太后不听这几句说话，已是怒气冲天，再有这几句话灌进耳朵，好比火上加油，便连声道速速拿夏良才正法，即传御前大臣那王行刑。又幸亏皇上替夏知县讨饶，皇上道："县官断不敢有这样话，这里面必有缘故，必定是太监向知县□□，不称太监的心，因此怀恨，说他坏话。"太后道："就是没有这句话，办差不好，也应当正法。若是不斩这□□个人，各州县怕不要学他的样。"皇上道："今日是启跸后第一站，因区区菜蔬小事，杀一知县，便不是朝廷崇俭的意思，要被人笑话。况且去年七月廿一日，匆匆出京，那时要求现在这一种味，也不可得。还请皇太后三思，饶了他吧。"太后见皇上这样苦求，也只好赦了夏知县的死罪，因此有交部议处的上谕。有知道这件事的人说，前一日来要宫门费的是皇太后身边总管太监李莲英派来的人，第二日抢劫肴馔的大汉是虎神营兵，也是李莲英暗中主使。唉！夏知县不肯送宫门费，险些被太监送了性命。宫门费好省的么。（转引自《回銮纪事》，《杭州白话报》，1901 年第 18 期）

另一家报纸《字林西报》的报道也认同此说：这一回两宫从陕西西安到河南，一路上太监勒索情形，同去年从北京到西安是一个样式。太监等在陕西久，且陕西大闹饥荒，故这次要换一处地方，好去勒索些钱财。到临潼县的时候，因为勒索姓夏的知县不能如意，便把县里预备的食物抢劫一空。两宫到时，已经备办不及，以致夏知县得罪。虽是百口分辨，太后总不肯信，终究得了一个革职的处分。

呜呼，原来如此！

尽管夏知县的遭遇只是慈禧回銮途中一个小小的插曲，不过随着这件丑闻的曝光，越来越多的老百姓却由此知道了大内太监索取"宫门费"的厉害。据流传甚广的《清稗类钞》披露：慈禧太后本人就非常贪财，手下大臣每月都要孝敬才能保住恩宠。而众太监便借机索取宫门费，即便某大臣向慈禧敬献风味食品也要收取数十两银子，以至于就连年薪四五万两银子的军机大臣都常常入不敷出。更令人不可思议的是，光绪皇帝和他的后妃们去向老太后问安，也不得不给太监们缴纳宫门费！毫无疑问，别看如今是在经过逃难后回京，老佛爷跟前的奴才们照样本性不改。

鲜为人知的是，恰恰因为这桩闹剧，老佛爷竟无意间躲过一场杀身之祸呢。原来当时有个名叫夏思痛（1854—1924年）的革命党人，正设法筹划刺杀慈禧太后。痛恨清王朝祸国殃民的他当年一路经山西、河南潜入西安谋刺慈禧，一直没有找到合适的机会。当两宫启程回銮之后，夏思痛又提前来到了必经之地临潼，并得到知县夏良才的收容。却不料，由于"宫门费"引发的祸端，夏知县被迫逃之夭夭，而夏思痛也因此失去了接近慈禧的机会，行刺计划最终落空。

3. 荣相国的公子去世了

夏良才事件本已闹得老佛爷心情很是不爽，不料就在八月二十六日夜里，一件令人悲痛的消息传到渭南行宫：荣相国荣禄的独生子、年仅15岁的纶厚病故了！

荣禄一生深深介入了晚清的宫廷政治，他参与了同治和光绪两位皇帝的拥立，另外他还是末代皇帝溥仪的外祖父。戊戌政变中，是荣禄的关键选择，导致了维新运动的失败。荣禄并不反对变法，只不过不赞成康梁的变法，遵循的是另一条变法思路，主张改革应从补偏救弊下手，不在遇事纷更

众所周知，在有关慈禧太后的野史传闻里，都说她与荣禄的交情非同一般，某历史小说竟绘声绘色地描述说，慈禧在少女时代有一次在市井遭到流氓调戏，正危急间，一个高大英俊的年轻人挺身而出解救了她，此人便是荣禄。而另一部更为著名的慈禧传记中甚至写道，掌握了朝政后的慈禧一直与荣禄保持着秘密情人的关系，尤其是到光绪年间更加大胆，直至怀孕。当时外面只知道是慈禧太后生病了，宫里给请了名医薛福辰和汪守正把脉。这两个名医声称太后患的是"骨蒸"，但是用药却是按照产后症调理的，结果药到病除。懂行的人看出这里的蹊跷，于是慈禧怀孕小产的消息就不胫而走。当年曾在慈禧身边生活了几年的德龄，在她的小说体回忆录《慈禧御苑外史》里也说荣禄是慈禧的初恋情人，并对荣禄的内心曲折进行了大肆渲染。不过明眼人一看即知，德龄的书完全是为了迎合西方人的阅读口味，可信度极低。然而令人惊奇的是，个别清宫太监也曾向外界透露，慈禧与荣禄两人确实保持着情人的关系，甚至有人爆料称慈禧和荣禄暗中生有一子，这便是光绪皇帝。

当然，从正史记载中肯定找不到慈禧和荣禄之间有私情的线索，不过二人的关系确实极为密切，这一点通过荣禄的个人经历大致可以看出。

荣禄（1836—1903年），字仲华，号略园，瓜尔佳氏，满洲正白旗人。出身于世代军官家庭的荣禄身世显赫，是清初开国五大臣中费英东的后裔。

1852年，荣禄以荫生赏主事，1859年晋升户部银库员外郎，但上任不久便大祸临头，因为贪污差点被肃顺所杀，后来以捐输的名义买了一个直隶候补道的头衔，闭门避祸。辛酉政变时，他攀上了日渐走红的醇亲王奕譞，此后短短十余年间由候补道晋升为予闻机密的总管内务府大臣。1874年同治死后，荣禄以内务府大臣的身份，与御前大臣、军机大臣同被顾命，并奉慈禧之命将皇位继承人、醇亲王之子光绪迎入宫中。光绪初年，先后任步军统领、紫禁城值年大臣、都察院左都御史、工部尚书等职。不过在此后几年间，他又屡遭处分，丢了总管内务府大臣的差使。直到1885年他才被重新起用，1894年又回到慈禧身边，任总理事务大臣上行走、兵部尚书。由于他极力结交李莲英，加上其妻善于讨好慈禧太后，因此逐渐成为慈禧的心腹。1898年，荣禄坚定地站在慈禧一边，协助慈禧挫败了光绪和帝党官僚的夺权尝试，因而备受器重。1900年义和团事件期间，他追随慈禧，在镇压义和团和后来与列强议和中立下了汗马功劳。1903年荣禄病死时，为表彰其多年来的忠心耿耿，慈禧特地恩赐陀罗尼经被，谥曰"文忠"，追赠太傅，入祀贤良祠，又破例将未立战功、又非皇室宗支的荣禄之子赏以优等世袭之职。

实际上史家经过分析认为，荣禄之所以深得慈禧太后的信任和宠爱，完全是由于其为人精明干练，长于权谋，临事深思熟虑，办事雷厉风行，而且每到关键时刻总能出现在慈禧身边。1898年8月，慈禧太后正是在直隶总督荣禄的密切配合和全力支持下，才成功地发动了宫廷政变，囚禁了光绪皇帝，将大权再一次牢牢地控制在自己手中。此后，荣立首功的荣禄被任命为军机大臣，节制北洋各军，随后奉旨管理兵部事务，赐西苑门内骑马。1900年庚子事变期间，西逃的慈禧又是得荣禄一路率军保护，顺利抵达西安。而正是这趟差事，让荣禄付出了惨重的代价。先是在赴西安途中，自己的夫人因不堪舟车劳顿而因病去世，如今在护送太后回銮途中唯一的儿子也英年早逝，岂不令人痛哉！因此慈禧在回銮后，先后给了荣禄一系列的荣耀：赏黄马褂、双眼花翎，加太子太保衔，授文华殿大学士。

1903年3月荣禄病重时，慈禧闻讯忧心如焚，特地遣御医前往荣府，并郑重发布上谕抚慰。而当荣禄去世后，慈禧的一系列表现更加令人关注：吩咐赏赐一块内府精制的陀罗尼经被盖在荣禄身上；吩咐年逾七十高龄的恭亲王率御前侍卫到荣禄灵前致祭默哀；亲拟谥号文忠。不仅如此，慈禧太后还郑重吩咐为荣禄建造墓园，并从内府库银中拨款3000两银子。据记载，荣禄之子名纶厚，字少华。庚子事变发生时，在一片慌乱中，年仅14岁的荣少爷竟知道首先将先祖的遗像和祖传的宝刀收拾好随身携带，这令年迈的荣禄备感欣慰。对于聪慧异常的独子，荣相国有着极高的期望。却不料如今眼看就要返回京城再享太平了，小少爷却不幸早亡。面临如此打击，荣禄内心的伤痛可以想象。当时同在太后驾前听差的吴永充满同情地回忆道："昨夜（八月二十六日）荣相国之公子纶少华病故，各宫争往慰唁。荣相年几七旬，只此一子，甚为聪慧，因之异常惨恻。但中途不便停顿，乃特留胡研孙观察在此，为之料理后事。暮年遭此不幸，意绪固难堪也。……予于宫门见荣相，神色颇惨淡。"老朋友的独子骤然离世，慈禧太后的心情想必也很糟糕。

值得一提的是，慈禧还对荣禄的女儿幼兰格外青睐，不仅认其为养女，更将其指婚给醇亲王载沣为福晋，而他们后来生的孩子正是末代皇帝溥仪。也就是说，荣禄又成了末代皇帝溥仪的外祖父。据说由于得到慈禧的宠爱，幼兰在宫中颇为张扬。有一次荣禄在宫内和慈禧聊天，幼兰就跑进宫来，说找慈禧有事。慈禧说：她谁都不怕，连我都不怕。在溥仪的回忆录《我的前半生》中，有一些资料专门提到他的外祖父荣禄，不过他并未提到荣禄与慈禧有什么不正常的关系。他指出，荣禄能够发达完全是因为他懂得"揣摩上意"，知道怎么去讨好慈禧。荣禄靠笼络慈禧身边的人来刺探慈禧的真实心意，例如重金贿赂太监李莲英，又经常派自己的福晋进宫去和太后拉家常，所以对慈禧的了解达到私密的程度。或许正因如此，才造就了一代权臣的辉煌，而无意间也为外界的八卦猜度留下了口实。

4. 雨中游华山

虽然老臣之子的伤逝令人痛心，但回京的行程却不能耽误。二十八日，慈禧的銮驾继续东行，当天抵达华阴县驻跸，行宫就设在县衙中。第二天，老佛爷没有着急赶路，而是特意去了趟华山，一则烧香还愿，二则游览名胜。

众所周知，地处西安以东200多里的华山是著名的五岳之一，更是道教圣地。自古以来，历代帝王包括秦始皇、汉武帝、武则天、唐玄宗、乾隆帝等均曾在此进行过祭祀大典。据《华山志》记载："皇帝亲临华山祭祀，在官方祭岳活动中固然是最为隆重的，但在整个祭祀活动中所占的比例是极小的。官方祭山，大量的是朝廷派遣使臣前往告祭。"所以这次老佛爷和光绪皇帝一同登临华山，也算是这处名胜的一番造化了。

实际上，就在前一年，当慈禧太后和光绪西逃路经华阴时，就曾在西岳庙致祭，并亲临岳麓玉泉院。著名书法家、国子监祭酒陆润庠*还奉命分别替慈禧和光绪代书匾额"道崇清妙""古松万年"悬于山下的玉泉院。可笑的是，当时华阴知县想当然地以为慈禧一行会登临华山，便不惜重金特地为慈禧、光绪赶制了两张"御床"放置在华山中峰。据说床架用檀木精雕而成，而床顶和四周均用玻璃镶成双层空心形状，内注清水，放养金鱼和水草。结果这位知县却白忙活了一回，因为那时的慈禧太后根本就没有闲情逸致，借口山高路险而没有登临。不过如今已不同往日，此番老佛爷可谓风风光光地回銮，所以便决定再度造访华山。

令人扫兴的是，二十九日当天，一场秋雨不期而至。绵绵秋雨不仅造成了道路泥泞，也让陪同两宫的大小臣工们叫苦不迭。请看吴永的记载：

> 二十九日，两宫诣华山麓玉泉院拈香。是日雨，道路泥泞。予先至

---

* 陆润庠（1841—1916年），苏州人，清末著名官吏、书法家。同治十三年（1874年）状元，官至都察院左都御史。庚子事变时随慈禧赴西安，官至太保、东阁大学士，曾担任末代皇帝溥仪的老师。辛亥革命后拒绝出仕民国，以遗老身份忠于逊清小朝廷，去世后被追赠为"太傅"，谥文端。

院候驾。该院背山面河，有"山荪亭""无忧亭"诸胜，林泉掩映，古木阴森，颇为欣赏不置。有顷驾临，通身沾湿，踯躅泥淖中，致游兴为之消阻。闻由此上山顶尚有四十里，仙人掌、莲花、玉女诸峰，多在高处，皆匆匆不得一览。申刻驾旋，仍驻跸华阴县。（吴永口述《庚子西狩丛谈》）

据文献记载，当天慈禧一行浩浩荡荡来到华山后，先拜谒了西岳庙，之后又游览了玉泉院、青柯坪等景点，并再度令陆润庠分别代他们为西岳庙写"仙掌凌云""金天昭瑞"，在青柯坪题写"莲道盘云""八景华清"，在玉女峰玉女祠题写"鸾翥凤舞""仙坛花雨"等匾额。民间还传说，老佛爷在西岳庙参观时，看到池水清甘，听县令介绍说引自著名的醴泉，因此在下山后便命底下人装满几大桶泉水，准备用马驮回京城饮用，结果到京后水已变味，只留下太后"千里驮水"的笑谈。

二 会办事的文悌

九月初一，在草草领略了华山的名胜风光之后，心满意足的慈禧太后继续启程，当天下午抵达陕豫交界的潼关。由于这几日天气风雨交加，老佛爷便下令在潼关停留了三个夜晚，直到初五才离开潼关，再往前行，便是河南省地界了。按理说，从西安返回北京，最快捷的路线应该跟去年来时一样：出关中北上进入山西，一路北行再向东过太行山到河北，最后由保定抵达北京。可是令后人费解的是，这回老佛爷却早早就拟订了一条全新的路线：出关中一路向东，沿黄河经河南洛阳、开封再由安阳北上进入河北奔赴北京。关于其中的原因，许多人分析说是因为迷信的老太太图吉利不愿走回头路，也有人分析说是因为山西省去年经历了八国联军和义和团的闹腾，不太平。不管什么原因吧，反正慈禧知道，河南省的地方官们老早就对她的光临精心准备好一切，既然如此，何不顺水推舟走一遭呢？

1. 不识时务的吕永辉

九月初五，一踏入河南地界，慈禧太后除接见了各路前来迎接的地方官员外，还收到了一份荒唐的奏折。奏折来自四品卿衔道员吕永辉，此人居然上奏，请求朝廷考虑干脆迁都洛阳，就别再返回到那遍地都是洋鬼子的北京城啦。

说起这吕永辉，乃河南永城人，据说多少有些文才。早年为了替家乡的旅游事业添砖加瓦，还曾留下以"永城八景"为主题的组诗呢。如今斗胆向朝廷上奏要求迁都洛阳，还是多少有些"谁不说俺家乡好"的意思。当然，洛阳作为十三朝古都，替代北京作为大清朝的新首都，从资历上也不是没有道理。只可惜他的言论一出，老佛爷驾前的文武百官几乎无人不嗤之以鼻，私下里传为笑谈。原因很简单，近些年朝中早就不断有大臣提出迁都之论，特别是西安更成为他们青睐的重点。不过在庚子事变中，一旦朝廷真正流亡到这座千年古都，生活上一段时间后，基本上就再也没有人考虑这类建议了，否则就太书生气了。

其实在清王朝末年，鉴于国家屡遭内忧外患，朝野上下关于迁都的议论曾多次成为全社会热议的话题。早在第二次鸦片战争时期，当英法联军攻入北京，咸丰皇帝被迫仓皇逃往热河时，就有一些士大夫主张迁都西安，以避开洋人的锋芒。不过当咸丰皇帝就此征求大臣们的意见时，一些地方大员却纷纷上书表示强烈反对。例如袁世凯的叔祖、时任漕运总督的袁甲三便声称："燕京为天下根本，控制一统全局，不可轻议迁徙。"到戊戌变法时，为了摆脱朝中势力强大的保守派，康有为等人又曾鼓动光绪皇帝效仿俄国的彼得大帝，将首都迁到上海。因为那里地处东南沿海，思想开放，便于改革。当然，随着变法运动很快夭折，此一说也就烟消云散了。到中日甲午开战后，许多舆论不甘心割地赔款败局，再度提出迁都主张，有建议迁往西安的，有建议迁往太原的，还有建议湖北襄阳的。尽管各方争论一度十分激烈，不过到最后，朝廷几经权衡还是宁可割地赔款也不敢贸然迁都。不过以清末的时代背景而言，随着民族融合，以北京为首都的民族战略意义已基本淡化，而与此同时，北京所在地区的自然环境日益恶化，加上行政成本过高，战略弱点突出等等原因，迁都呼声的存在也不算什么稀奇。只不过如今庚子事变刚刚平息，同列强的议和也基本告成，小官员吕永辉却老调重弹，实在是有些不合时宜了。好在由于当地官员们的接待颇为尽心尽力，老佛爷对河南的第一印象还算不错，因此也就没太把此事放在心上，也仅仅是一笑而过。

2. 三门峡的路

不过踏入河南境内后，慈禧太后的好心情并没有维持很久，很快老太太就陷入了焦躁与烦恼之中。不为别的，虽然河南的人非常热情周到，可这里的路以及这里的天气却实在太折腾人啦！

九月初五，慈禧太后的銮驾从潼关启程，出城往东走三里便进入河南省境内了。在豫陕两省的交界处，河南巡抚锡良早早就在那里跪迎太后。简短寒暄后，锡良巡抚在前边开路，继续东行 30 里，抵达阌乡县*驻跸。当晚入住设于阌乡县署衙的行宫后，老佛爷发现，河南的行宫设备果然较陕西更为阔绰：宫内地上铺设芦席，席上覆以红毡，毡上再铺绒毯，墙壁和楹柱都障以黄绫；墙上悬挂名家书画，书案上陈设精美的文房四宝；室内陈设鼎彝珍玩，榻上铺锦绣被；门廊则设有华灯瑞彩，庭院种有异草名花。1932 年新修阌乡县志则记载："阌境设两宿站，一在阌底镇，一在城内县署。阌底镇为陕西入河南首站。县令办差预买民房一座，改建行宫，门屏隔扇都令雕刻，极其精致；御榻以黄缎绣龙堆；厕房皆用红毡叠铺；御膳房所需一切器皿皆须新置。"目睹此景，老佛爷自然应该龙颜大悦。

虽然吃得好、住得好，可是一旦离开行宫上路，慈禧太后就立刻头疼起来了。众所周知，豫陕交界沿黄河向东，所经之处地形复杂，山势崎岖，

---

* 阌乡，河南旧县，1954 年撤销建制，后与灵宝合并。1956 年修建三门峡大坝时将县城搬迁，一部分迁至县城东南 5 里，划归灵宝市西阌乡管辖，名"阌东村"；另一部分迁至县城西南 5 里，划归灵宝市阳平镇管辖，名"阌乡村"。

著名的函谷关，地处河南灵宝市，属于西安至洛阳官道必经之地，因地势险要、山路崎岖而闻名

自古以来交通就非常不便。自进入河南省境内后，车队大多数情形下只能在狭窄的夹沟中前行，两边都是悬崖峭壁，中间则是羊肠小道。由于道路狭窄，通常只能容一辆马车前行，如果对面来了马车就很难错开。虽然这是豫陕两省间唯一的官道，但其实长期以来并没有得到有效维护，以至于到处坑洼不平。由于这次重大的政治任务，沿途地方官员们才紧张起来。当时的报纸曾充满讽刺地报道说：

　　豫陕官路平时并没有管理，因为两宫回銮，各县才赶修道路，驱使人民填低平高，铺黄土，洒水轧路，忙了数月时间。动工更大的是沿路需拓宽，较原宽（3.6 丈）还宽 8.4 丈，需将耕地轧平，如地上有庄稼也得铲除。这一损失真无法计算。还有办理皇差、车马供应、银两摊派等，为数均钜。当时虽宣称由国库偿还，纵然发还也发不到百姓手里，不过让经手的官绅分肥罢了。至于銮驾过后行宫里陈设的珍贵物品，经手官吏多窃为私有，说启驾时被老公们带走了，也就算报销了。（张钫《清两宫回銮之一斑》）

慈禧回銮的行程当时甚至惊动了国际媒体。著名的《泰晤士报》驻远东记者援引目击者提供的材料说，从潼关至阌乡的羊肠小道事先被要求修为开阔的康庄马路，而且要用细软的黄土铺于路面，以使马蹄行之无声，水平如镜。

九月初六日，慈禧太后从阌乡启銮，下午四点左右抵达灵宝县驻跸。或许是被这段破路折腾得够呛的缘故，老佛爷第二天又在灵宝住了一宿。据当地民间传说，抵达灵宝当晚，当御膳房照旧献上丰盛的晚餐时，人困马乏的慈禧太后一看还是那些早已吃腻的鸡鸭鱼肉，便很不高兴地对底下人说想吃灵宝的风味小吃烧饼夹肉。于是御膳房赶紧派人到灵宝街上找到著名的虢州风味店，点名要"灵宝烧饼夹肉"。烧饼呈上后，老佛爷一品尝，顿时胃口大开，连连称赞，临走时还把主厨的张姓师傅带回了京城。

且不管传说是否属实，老佛爷似乎对灵宝的接待工作确实比较满意。当时的《中外日报》就报道说："两宫入河南省以后，各县办差，顶好是灵宝县，阌乡县次一等，渑池县最不见好。灵宝、阌乡两县铺设各件，太后都赏收。乃着两县预备车辆，送至省城。"

就在慈禧太后享受着地方官员无微不至的接待时，随行的王公大臣乃至仆从太监们却在下面肆无忌惮地祸害着当地百姓。尤其是那些平日作威作福惯了的大内太监们，更是令各地官民怨声载道。《中外日报》当时曾绘声绘色地描述了这一幕：

有一百多个太监从河南入京，路过阌乡县，因争夺车马，知县官几乎被太监殴打。河南松抚台因办差办得不好记大过一次，委办车马委员记大过三次。陕州会兴镇厘局总办黄太守（知府称太守），被太监殴打一次。向西一路的州县，每处要用家人三百名。当家人的几乎搜罗干净。那上等的都不肯去。便是每月把他银子五十两也不情愿，为什么不情愿，恐怕被太监殴打。（转引自《义和团史料》）

当然，太监们作为老佛爷身边的人，再大的官也不敢动他们。不过对于王公大臣们的仆从，如果闹腾得实在过分，老佛爷有时也会很生气的。早在驻跸潼关当天，她就下令严禁王公仆从在各州县巧取豪夺，并命御前大臣着意弹压。经查，喀尔喀亲王那彦图*的亲随在潼关曾卷取铺垫等物，当有关负责人前去阻止时，该亲随竟仗势欺人将其捆绑起来。事情传开后，老佛爷当即下令将那彦图着交理藩院照例议处，其滋事亲随则严讯惩办。

从九月初八开始，慈禧太后的銮驾继续东行，相继经过陕州、张茅镇、观音堂、渑池等驻地，这一带都属陕州府治下，大致相当于现今的三门峡地界。尽管那段时间当地天气不佳，阴雨连绵，但老百姓们还是被组织起来热烈欢迎老佛爷的驾临，着实被折腾得够呛，陕州地方志记载道：

> 清光绪二十七年九月九日，慈禧太后及德宗皇帝由西安回銮至陕州，……先数月，即命跸路大臣黄履中相度驿路修理行宫，于是征集民夫凡境内东西孔道尽平治成坦途。时值饥馑之后，民不堪命，黄履中禀请豫抚拨款发给工资，陕境内设行宫四处，一石桥镇，一城内道署，一磁钟镇，一张茅镇。各镇行宫墙壁以红黄色涂之，辉煌耀目，门屏隔扇，都令雕刻极其精致，御榻用黄缎绣龙墩，厕所皆以红毯叠铺。御膳房所需一切器皿皆新置，大厨房山珍海错每味各归一处，专司两宫。至从官山积，马如云屯，沿途人民跪道左瞻谒，有贡献石榴、梨、果者。帝赏给银两以银牌颁赐耆老，午间至石桥镇，稍憩，即东行，宿城内。次日

---

* 那彦图（1867—1938年），字矩甫，成吉思汗的27代子孙，其祖先策凌因为帮助清朝平定厄鲁特叛乱有功被封为札萨克亲王，即喀尔喀亲王，历代袭封。那彦图为第七代喀尔喀亲王。历任御前大臣、领侍卫内大臣、八旗都统等职，其岳父为庆亲王奕劻。庚子事变时因护送慈禧太后逃亡西安有功，颇受慈禧太后重用。

东下，夜宿张茅镇，至观音堂，宿周氏民宅。是役也，所过之处供张甚丰，而余物抛弃狼藉，虽开支正款，地方已不堪其扰。某生有咏行宫七绝，末二句云："无限苍生膏与血，可怜只博片时欢。"可以想见一斑。

（《三门峡市交通志》）

话又说回来，在皇权时代，对于乡野百姓而言，能有机会亲眼看一眼皇上和皇太后，到底也算百年难遇的福分啦。例如在经过陕州大营村时，当地村民就算开了一回眼界：

> 大营向为秦豫交通要道，所以是御驾必经之地。事前也就发动农民黄土填道，清水洒街，石碌碾路，禁止车马行走。并不断派出探马到灵宝曲沃街，打探御驾到达的准确时刻，安排士民跪迎御驾。……九月八日巳时左右，慈禧的仪仗队伍，浩浩荡荡从西而来。慈禧太后及德宗皇帝分乘八人抬黄色亮轿，與夫身着红色驾衣。轿前有御前大臣及侍卫并辔而行，再前为大群荷枪带刀的武装卫队，并有二十四面黄龙旗开路，两旁有护驾士兵站道。进西北门，经大街折北，出东门而去。村民跪伏道旁迎送。著老杜会天于御轿经过门前时，进献大石榴。慈禧笑纳，赐予"圣朝人瑞"四字彩绸一方。后影制木匾，配火焰花边，镶嵌门楼顶端，以示皇恩浩荡。

九月十四日，在连绵阴雨中，回銮大部队从渑池出发抵达铁门镇，这里便进入河南府也就是现今的洛阳地界了。小小的铁门镇虽然不起眼，慈禧太后仅仅在这里住了一夜，但却是进入河南府治后的第一个宿站。为了给老佛爷留下良好的第一印象，地方官可谓煞费苦心，仅仅为了修建行宫就花费了六万两银子！老佛爷很快得知，如此大的手笔，全部出自河南知府文悌之手。

这位文知府还真不简单呐！

3. 文悌和松寿

若问这文悌究竟是何方神圣，说起来也并非无名之辈。此公乃满洲正黄旗人，姓瓜尔佳氏，字仲恭，号仰白。虽然他也算出身名门，根红苗正，但早些年在仕途上却始终没有重大突破，到戊戌变法时才好不容易由户部郎中升为御史，却不料因顽固反对康有为等人的变法活动，屡屡上奏要求弹劾维新派官员，结果被光绪皇帝下放为知府。值得一提的是，戊戌六君子之一的杨深秀（1849—1898 年）因曾私下里对文悌说过："八旗宗室中，如有徐敬业其人，我则为骆丞矣！"结果被后者告发以致遇难。如今一看慈禧太后即将驾临，而光绪皇帝也早已沦为傀儡，文悌顿时觉得人生的转机降临了，因此便不惜一切代价要表现出做奴才的忠心，也希望借此获得老佛爷的欢心。

早在当初得知朝廷决定两宫回銮的路线后，身为河南知府的文悌便积极行动起来。他先是广泛动员治下各地官民对沿途道路进行大规模整修，接着又绞尽脑汁兴建一座座豪华的行宫。要办事就得花钱，然而当时河南各地由于前一年遭了灾，无论是官府还是百姓都穷得叮当响，哪里拿得出这大笔银子？以致当文悌跑到开封向顶头上司、河南巡抚松寿开口要八万两银子时，松寿只给了他三万两。不过这并未难住文悌，回到洛阳后，他便强行向当地富绅摊派勒索，终于搜罗了足够的经费。据当时报端披露："河南开封府早经起造行宫，太后住的宫十一间，皇上住十间，皇后九间，大阿哥九间。皇上的宫，在最后一层。"所有行宫内地上都铺设芦席，席上覆以红毡，毡上再铺绒毯，墙壁和楹柱都障以黄绫；墙上悬挂名家书画，书案陈设文房四宝；门廊挂华灯瑞彩，庭院种奇花异草。洛阳地方文献后来描述当时的情形时记载道："洛阳是休沐站，听说花了十六万两银子，那时文悌是河南府知府，一切都是由他经办。因为随行的文武大臣、太监、宫女人数众多，竟把洛阳城内外居民的好住宅腾让一空。食住三宿，浪费骚扰如此，可以想见封建帝王的淫威。"

一切准备就绪后，文知府便望眼欲穿地盼着老佛爷早些驾临洛阳。九月十六日，在洛阳城南郊，文悌组织了迎驾大典。当回銮大队浩浩荡荡开入洛阳城时，只见沿途道路均黄土铺地，平整无比，而早已被组织起来的男女老幼纷纷跪在道路两旁，朝着慈禧太后和光绪皇帝的銮驾山呼万岁。眼见这一幕，老佛爷心里甚为满意，随行的官员们也对文知府的良苦用心留下了极其深刻的印象。

关于河南知府文悌和他的大手笔，吴永后来在其《庚子西狩丛谈》一书中颇费了些笔墨：

> 次日往瞻行宫，则局势宏丽，陈设皆备极精好。谓文守惨淡经营，已逾数月，殊不免有人劳鬼劳之感想。启銮前，迭谕沿途供应，不得逾侈以节民力，而文守仍复铺张如此，殊失将顺之义矣。文悌先为御史，戊戌政变，极力迎合，奏参新政人物，颇为舆论所不满。此次闻向豫省请领八万金，预备在洛供应；延方伯给以三万，怏怏而回，仍就地罗掘以供所需，故一切部署，无不力从丰赡。又以重赂深结李莲英，终日在李室，手持水烟袋当户而立，与出入官员招呼点首以示得意。豫中同官，皆心鄙之。松抚每告所属，谓我们河南现在已出了一个红员，盖即指文而言。临潼之草率，此间之繁靡，正可谓过犹不及。盖两人各有目的，一图现在之利，一觊将来之名。用意不同，出手因而各异；但论损上损下之区别，则犹觉彼善于此矣。
>
> 自陕西西安府咸宁县京兆驿，至河南省河南府洛阳县周南驿，计程七百八十里。自八月二十四日至九月十六日，途次共历二十二天。先是此地预备寝宫，拟请皇太后、皇上同居一处，适侍郎桂春在汴，力言无此体制，诸多不便，乃临时拓地改造。故皇上寝宫甚为逼窄，大阿哥住处尤窄。太后寝宫独宏敞，后窗外有极大地坑，上安木门，可以燃炭，从地道通入室内，盖预备在此过冬取暖也。行宫工程，原估二千四百串，现用至三万余两云。（吴永口述《庚子西狩丛谈》）

河南府行宫牌楼，摄于 1901 年慈禧回銮途中

河南府行宫第三层殿座，摄于 1901 年慈禧回銮途中

河南府行宫三层，摄于1901年慈禧回銮途中

河南府行宫花园，摄于1901年慈禧回銮途中。据洛阳地方志记载，1901年慈禧回銮经过洛阳时，河南知府文悌特地斥巨资将城东南隅的周南驿扩建为行宫。周南驿是河南府境内的中心驿站，十大驿站之首。从当时拍摄的照片可以看出，整座行宫里里外外修饰一新，装饰得富丽堂皇，一望便知是刚刚完工不久

很快，文悌的大手笔竟传遍了全国，一时之间名声大振，而他本人也自然招致了民间舆论的一致抨击。当年有一份《选报》就曾以评书风格讽刺说："两宫驻跸河南府时，文太守悌日夜在宫门亲自巡查，颇为严密。事闻于太后，谓其很有忠心，亦能办事，将来回京须委以重任。内监当即告知太守，太守颇自负，大有睥睨公卿之态。又闻庆亲王到开封时，请两宫早日回銮，而文悌则再四谏阻云。……文悌在河南，见抚藩臬等上司不请安。只有见宰相荣禄以及太监都请安。文悌脸极黑，且烟气满面，他要假装好看，去用脂粉涂在面上，粉涂得太厚，有一天不曾留心，涂得稍薄，便被旁人瞧出，都做笑话儿讲。"

不过在老佛爷身边的太监们看来，这文大人还真是一个会来事儿的官。据说单单为了笼络李莲英总管，文悌一次就孝敬了一万两银子！到最后，为了自己的前程和富贵，利令智昏的文悌竟然试图说服慈禧太后干脆别回北京，长期留在洛阳。《天津日日新闻》就披露："听说庆亲王力请两宫回銮，说得舌敝唇焦，已经定了归期，要降谕旨。谁知有一个著名守旧姓文名悌的知府，拼命阻止，请两宫留在河南。幸亏皇太后现在不十分相信他的话，依着庆王说，准定回銮。"据时人粗略估计，慈禧太后一行单在洛阳一地就花费了白银三百万两。事后，为表彰河南知府文悌迎驾有功，老佛爷几乎是一离开洛阳就下令升其为贵西道台。可惜的是文大人却无福消受老佛爷的这份恩典啦——因为没过几个月他就因病一命呜呼了！

可笑的是，或许是文悌表现得太过火了，使得其上司河南省巡抚松寿*也心生嫉妒。当听说自己的这位属下经常待在李莲英屋内手拿烟袋随意出入后，他立即下令，凡是没有宫门差使的人，不准擅自闯入午门。私下里，他还充满揶揄地跟同僚们说："河南有一个想侥幸躁进的官，你们知道吗？"而实际上，松巡抚并非是洁身自好之辈，而是嫉妒其下属抢了他的风头。从某种程度上讲，为了讨得慈禧太后的欢心，他所花费的心思要更多呢。

---

* 松寿（？—1911年），满洲正白旗人，字鹤龄。历任陕西督粮道、山东按察使、江宁布政使、河南巡抚、兵部尚书、闽浙总督等职。武昌起义后，在福建与革命党人顽固对抗，兵败吞金自杀。

据说为了发动河南省内各有关地方欢迎銮驾的积极性，松寿甚至别出心裁地搞了个竞赛和评比活动：

> 河南抚台松寿的意思，办理回銮大差总要格外体面好看，一切都不惜费。扈从的官员、太监，也因河南地方局面很大，不比陕西穷苦，都想到河南得些好处。
>
> 有一个办皇差的藩台说：这一番回銮，一路上供给，比往日大不相同，往日可以用一品锅，此番必须都用满汉全席。经过的地方，或是打尖，或是宿夜，都要五开间正房。每到一处必须要十几个五开间，才肯居住。因此只好借用会馆公所以及乡绅人家的高厅大屋，但是总没有这许多五开间，办差的只好另外添造。泥水木匠工价，登时飞涨。……太后称赞，河南行宫比陕西办得好。（转引自《义和团史料》）

与文悌类似，松寿在老佛爷离开河南后很快就被升为闽浙总督。

听说老佛爷对河南省的接待工作甚表满意，邻近的直隶不敢怠慢，赶紧先期派出考察人员前往洛阳、开封取经学习，并随即精心拟定了迎銮章程，要求本省所有沿途接待方照章办理。关于所有细节，《回銮杂记》内有专门的记载：

> 直隶办差委员，赴汴探听办差情形，汇成节略，呈报直省大宪。兹特照录于下：
>
> 行宫五大间上房，中间设宝座。东里间即是召见处，靠窗户用木床或砖炕均可。炕上铺席子，再铺黄毡黄缎褥，用黄缎靠枕大垫一付。炕前用桌一张，用黄缎周围拖地，桌套另设军机垫四五十个。军机垫用白毡，一尺二寸见方，高一寸，中镶红毡一块，余无别物。东里套间太后寝宫，炕上铺席毡，再铺黄缎褥一个，帐幔铺盖不用。西里间皇上寝宫，炕上铺设同，各处窗户需大，多设玻璃。窗户玻璃帘用蛋青纺绸，门帘

用黄缎，青绫边夹板。寝宫内用杂色湖绉软帘，椅披垫均用黄缎。桌椅，此间一律清化竹器。

裱糊顶紧用白纸印红团鹤，墙上一概糊白裱。

各处灯笼，此间一律明角灯，画红花或用玻璃灯、纱灯。

宫内一律用红洋烛或本地烛。

宫内不要彩棚。

二层宫门内或二堂上设宝座一位。行宫内满铺红毡，上铺毯子，四角钉住。

大门直至上房门柱窗户房帘一律用朱漆，或用红油。外墙红灰，照壁同。

御膳房宜宽敞，多备灰炉，设在宫外，不可距正房过近，需备生供给自做，一切器皿需多备。

现闻太后仍吃素，不喜荤腥，需备素菜。

御用八抬轿缎轿三顶、四抬杏色轿一顶、绿呢轿二顶。八抬轿每顶轿夫四十名，四抬三班，此间已选人演示。每八抬一顶用牵夫十六名，四抬轿牵夫八名。轿夫衣用红洋布印黄白圆花，小袖长褂，薄底靴子，每人给小衫褂一套，牵夫亦然。

行宫内木炕均可。如用炕，炕沿前必须用漆木板床围，不要绸缎炕围。

宫女等皆用轿车，此间预备大车、轿车一千辆，四五套不等轿车，两套轿车即用买宝翠居多，换蓝布车围。

轿夫此间调各州县轿夫选用。

瓷器用红龙花，每处用百余桌，茶碗千余付。此间已买三万金，尚不足用。

抬夫二百名。

驼骡一百头。

五局应用奶子果子等物，须为预备。

围墙外用帐棚，派兵巡查。

中厕用砖铺平，中挖一洞，不要凳子，须糊干净。冬用风门，夏用竹帘，然必须多备，如能每位一处更好。设在里套间，另开门出入。

水路两岸派兵护送，预备供给，并无行宫，只预备黄幔帐棚。

原议由道口上船，现因道口一带水路有一段石滩，不便行走，拟改在汤阴县属武陵镇上船。

花草宜多备。

字画宜用新画，不落款，不要翎毛。

随行大臣公馆需四五十处。

王公大臣酒席每位送全席一桌，不送烧烤，余皆一品锅，数碟数碗。

笔砚等物备而不摆，俟要再呈。

宫门费临时照上站办理，现无成说。因去年潼关闹事禁止。

门对等件，概不用。

柴米面曲料，各局须多备。柴草每捆十斤，米面每包五十斤或一百斤，面料亦应分包免临时错乱。行宫款式，另绘图说成览，房间照图，不宜再少，唯茶尖只可减二层，院子一处，余亦不宜少。

道路仍用正副二道。

行宫内陈设裱糊，喜素洁净，不要红黄缎裱糊，闻陕西办理太奢华，太后甚不愿意。房子需宽大，且要多备随员人数，仍复不少。

行宫内陈设每处如意屏镜、妆台、安息香等匣必须之物，其余各玩随意点缀。

御马骡圈栅要宽大，闻御马有五百余匹之多。

铺垫必须每处一份，不宜倒换。闻山陕一带启銮之后，各处铺垫，全被携去，或毁坏不堪复用，下站因此掣肘，见豫省列县，皆云万不能借用，各站差竣，恐无余剩，直省宜早备，免临时错误。

两宫喜吃果子、老米，须先预备。

沿途需预备银牌，以备恩赏跪接着老民妇人役等之需。

所过地方每站进散图一份，内有名胜古迹，先考核明白，以备顾问。

沿途预储勺筲箕帚锄耙，每段随时修治。每二十里设立堆铺，书名地名里数。

厨子此间由饭馆包办，刻又归州县自办。

行宫内需另设安放轿处。

马棚需设两处，喂各王公大臣马匹，并另设车棚。

帐棚需多备，如少宿站，房子不敷安置，即可寓帐棚。

沿途需备水龙唧筒随行。

宿站每四五六十里，少约三十里，茶间二十里。

豫省皆用黄汴绫，直省无此物，只有用黄缎。

行宫内床炕，宜便不宜高，炕并不要脚踏。

行宫上房门柱皆用此磁漆，窗户隔扇用楠木色或杂色亦可。

牵夫绳用黄丝绳。

跸路多设水缸。

瑾妃大阿哥房中皆用红铺垫。

豫省买顶好瓷器二十余桌，次细一百余桌，寻常一千余桌，茶碗帽筒并燕菜碗点心碗共四百余桶。

八抬轿需大，闻山陕所用皆不合式，如能在京中找一样式仿做，方合上意。

两宫早起不进膳，约行二三十里始进膳。

黄轿内预备棉围，灰鼠围，貂坐褥。

行宫内门环等皆须贴金。

大门外搭黄布牌楼，东西辕门，亦用黄布，牌楼花牙用黄绫绢，如无照壁处，亦用黄布扎成，周围用朱色鹿角木。

茶房必须设在宫内。

宫内所用之水，须先用白布过净，封固听用。须多备水缸木桶。

院内均铺红毡，只中间一路。

宫内所用磁器绸缎，以及一切杂件，忌用翎毛、人物、有字花样，要紧。

李总管并奏事处，均用红缎铺垫五堂。

宝座面宽三尺，两旁长二尺六寸，高二尺三四寸，黄缎为套，不绣花；坐褥用棉装就，甚厚，并有小方长靠枕两个。

膳房燕菜席四桌，地方无论如何偏僻，必须预备；但无须烹饪，材料齐全即可。新鲜小菜宜多。

宜备乳牛两头，为乳茶之用。（长谷川雄太郎《回銮杂记》）

当慈禧太后一行在河南大肆挥霍铺张之时，国内外舆论纷纷予以指责。《中外日报》就刊发多篇社论，要求慈禧、光绪母子同心，推行改革，深刻反省，指责其忘记当初西逃时之狼狈，一旦安定后又恢复往日的奢侈腐化做派。甚至有人说："窃谓此次回京宜力崇俭约，布衣素服，减膳撤乐。入京后，两宫徒步谒太庙痛哭自责，然后屏居偏殿，召留京诸臣，慰其疾苦，发哀痛之诏，宣示通国，论以惩前毖后之至意而一以真实无妄者出之，收拾人心，无要于此……"《选报》上一篇题为《论回銮经费之滥用》则讽刺道："按粉饰铺张，中国官场之惯习，原其故，欲得上欢以博一己之富贵耳，物力岂其所计哉？当此创剧痛深之后，上下交困而犹浪掷金钱若此，致为外人所讥，亦重贻中国之羞矣。"

只可惜，民间的种种呼声，在河南乐不思蜀的慈禧太后又如何能体会？

三 洛阳八日

由于以文悌为首的接待官员提供的食宿条件优越，心情畅快的慈禧太后在洛阳府竟住了八个夜晚。在洛阳期间，除了召见从四面八方赶来的大臣之外，老佛爷还兴味盎然地游览了这座千年古都的古迹名胜。据吴永记载，九月十九日一大早，慈禧太后在召见众位大臣，并简短安排工作之后，便按计划于八点左右从行宫出发，先后去了关帝陵和龙门石窟。在各类文献中，对老佛爷的这次洛阳一日游都有比较详细的记载。

1. 拜谒关圣人

话说在三国时期，孙权派兵杀了蜀汉大将关羽后，将其首级送到洛阳，希望借此向曹操表达结盟诚意。一向敬佩关羽为人的曹操下令将其首级厚葬于洛阳城东南门外，此处后来便成为著名的关帝陵墓。随着历史的演进，关羽逐渐成为忠义的化身而被神化，其陵墓也因此被称为关林（"林"乃圣人之墓）。到清朝时，为了有效维护满人的政权，朝廷进一步提高关羽的地位，顺治皇帝加封关羽为"忠义神武关圣大帝"，康熙、乾隆等朝曾先后对关林进行扩建修葺。值得一提的是，慈禧太后本人对这位武圣人向来极为尊重。据说每当皇宫里上演"关公戏"时，只要关羽一上场，慈禧太后就要带着光绪等人全部离座，假装散步，然后再坐下，以示对关帝的尊崇。另据记载，当年八国联军攻入北京，慈禧仓皇西逃时，还曾在北京郊外的一处关帝庙度过了第一个夜晚。如今既然国难已平，关圣人的陵墓近在咫尺，老佛爷自然要抽出时间前去拜谒一番。一来表达自己虔诚的敬意，二来祈求国泰民安，号召臣民们效忠朝廷。

九月十九日上午，慈禧太后携带着光绪以及一百多名随行大臣，前呼后拥来到关林上香。据《关林志》记载，当天两宫"莅关林瞻礼松楸，睹破旧状，圣容黯然"。的确，由于当时国力衰落，天灾人祸不断，原本庄严森严的关林早已因年久失修而破败不堪。在瞻仰了关公圣像并参观陵园后，慈禧不禁感慨万千。或许是为了抒发自己的心绪，老佛爷特地亲笔题写了"威扬六合"和"气壮嵩高"两块匾额。据后人考证，虽然慈禧回銮途中在不少地方都留下了墨宝，但大多为代笔，似乎唯有关林内的两块匾额属亲笔。直到今日，这两块匾额仍分别悬挂在关林的仪门和正殿门额上方。

离开关林时，慈禧太后又特意命手下拨一笔专款，嘱托文悌负责对关林进行修茸。在1903年完工时所立的石碑上，还镌刻有文悌对此事的追述："庚子秋七月，环瀛列国联军集京师莅盟。天子率后宫奉慈圣西巡太原，遂至长安。明年辛丑秋八月，由秦道豫回跸旋都。九月十六日止莘河南府，十九日幸伊阙，并莅汉前将军、汉寿亭侯关公林庙瞻礼，二十四日銮辂东行。颁赐御匾帑金，命知府臣文悌庄严象设，隆饬庙室，将以教忠赐福于臣民也，昭示来者。"

关林鼓楼，在仪门到大殿之间石狮甬道之西侧，为十字脊歇山重檐高台楼阁式建筑。中国的寺庙里多有钟鼓楼。因为关羽被佛教奉为"伽蓝"神，所以按"晨钟暮鼓"配置。摄于1901年慈禧回銮途中

关林，"中央宛在"石牌坊。在关林内最后方为安葬关羽首级之处，世称"关冢"。其前有两座石牌坊，第一座题刻"汉寿亭侯墓"，第二座题刻"中央宛在"。其中第二座石牌坊立于清康熙五十五年，"中央宛在"四字由时任洛阳知县高镐所题。按照通常的解释，"中央"指的是首级，"宛"为依然，"中央宛在"意为关羽的首级依然葬在这里，关羽忠义仁勇的精神仍然长存于人们心中。摄于1901年慈禧回銮途中

1907年的关林，法国汉学家沙畹（Emmanuel–Edouard Chavannes，1865—1918）所摄

2. 驾临龙门

在拜谒关帝陵之后，心情大好的慈禧太后又移驾前往洛阳最著名的古迹——龙门。关于九月十九日这一天的活动，吴永记载道：

> 两宫于召见军机办事后，辰刻即出宫，谒关帝陵，幸龙门、伊阙；进膳后，复幸香山寺。王公大臣，多半随从。予亦前往侍班，因历览三龛、涌珠泉、宾阳洞诸胜迹。房廊户牖，并加丹雘，与予夏间经此，已焕然改观矣。伊水中流，望对岸香山寺，迤逦山半，游人旋绕如蚁。水上造有浮梁，水白波平，天空如镜。周庐星列，兵卫森罗，当不减羽猎长场之盛。度桥行里许，至香山寺，即唐时乐天九老结社处，俯瞰洛水，远眺龙门，山半皆北朝造像。千龛古佛，密如蜂聚。寺内一厅事，屏间刻汪退谷先生书白太傅《香山寺记》，字大几逾六寸，筋力雄伟，天骨开张；惜为俗工加饰粉漆，失其真趣，可叹也。未刻驾还，仍于宫门外侍班。（吴永口述《庚子西狩丛谈》）

从吴永的记载来看，慈禧太后当天几乎游览了龙门一带所有的著名景点，中间还在这里吃了顿午饭，真可谓尽兴而归。

龙门地处洛阳城南郊外，又称伊阙，因伊水两岸香山、龙门山对立而得名。在这里，有举世闻名的龙门石窟、宾阳洞、香山寺等名胜。尤其值得一提的是，龙门石窟最著名的奉先寺卢舍那大佛还是以女皇武则天为原型雕凿的呢。联想到慈禧与武则天这两个女人共有的特殊性，不知当年老佛爷在瞻仰这尊大佛时，心里究竟会否泛起几丝涟漪？众所周知，作为封建时代在男人的世界里达到权力巅峰的两个女人，慈禧与武则天实在有很多相似之处。所不同的是，一个最终自己公开做了皇帝，而另一个则躲在幕后垂帘听政；一个历史评价颇高，而另一个则臭名昭著。

在龙门景区尽兴游览一天后，略带疲惫的慈禧太后起驾回城。令老佛爷欣喜的是，也不知是地方官刻意安排的，还是当地百姓自发组织的，反

伊阙全图，摄于 1901 年慈禧回銮途中

伊阙全图，摄于 1901 年慈禧回銮途中

伊阙全图，摄于 1901 年慈禧回銮途中

香山寺，摄于 1901 年慈禧回銮途中

正她看到沿途路旁早早跪满了男女老幼，希冀一睹天颜呢。更有一些德高望重的乡绅耆老在自己家门前郑重摆设好桌椅，上面供奉着水果点心希望老佛爷品尝。目睹此景，老佛爷的倦意顿时一扫而光，命御前大臣给予赏赐。她只要指向哪位老者，大臣便将此前特地定做的银牌赏赐一块——这银牌长四寸，宽寸许，葫芦形，系黄色丝穗，重一两，上刻"卿赏耆民"四字。

在那个旅游事业尚未开发的年代，由于社会动荡，洛阳城虽然古迹众多，但除了龙门之外，其余的大多年久颓废。因此在九月十九日的游览之后，慈禧太后便基本上在行宫休养，间或召见从各地赶来汇报工作的大臣。倒是吴永等随驾大臣，出于文人的雅好，忙里偷闲又探访了一些著名古迹。例如在二十三日下午，他们便慕名前往洛阳城东郊的夹马营参观了宋太祖庙。夹马营之所以闻名，是因为这里是宋朝前两位皇帝——赵匡胤和赵光义兄弟的诞生地。虽然吴永等人当年参观夹马营的宋太祖庙时这里已经非常破败，但他们仍是幸运的——因为一百多年后的今天，这处古迹已经荡然无存了。

四　老佛爷喜逢康百万

九月二十日早上，在洛阳城舒舒服服住了八个夜晚的慈禧太后终于要起驾继续东行了。毫无疑问，老佛爷是怀着恋恋不舍的感情告别洛阳城的父老乡亲的。当天下午，回銮大军抵达洛阳以东70里的偃师县，并在县衙行宫驻跸。

无论从哪个细节上论，河南知府文悌都真称得上善解人意。按照惯例，慈禧太后虽然离开了洛阳城，但以东的偃师、巩县等地仍属其治下，所以文知府又一直护送老佛爷东行。来到偃师县后，或许是揣摸着老佛爷在洛阳恐怕吃腻了山珍海味、大鱼大肉，他便别出心裁地安排了一顿农家饭。据当地文献记载，偃师有处专门经营特色农家饭菜的徐家饭铺，所供应的

夹马营，摄于 1901 年慈禧回銮途中，但据考证，慈禧本人并不曾驾临此处古迹

黑石关渡口，黑石关又称黑石渡，是洛水渡口之一，地处河南巩义西南约 10 里，因洛水东有黑石山而得名。渡口两侧山峦起伏，悬崖对峙，中间形成羊肠小道，地势险要，交通极为不便。1901 年慈禧回銮途中所摄

均为地方小吃：蔓菁小米汤、烘柿献食、酥肉、卷煎、丸子、焖子、红烧肉、葱花油馍、饼馍、炝锅面等。果然，当老佛爷及一众大臣品尝了这家饭铺呈献的热豆腐、蔓菁小米汤、烙油饼等特色小吃后，无不胃口大开，交口称赞。

第二天，回銮大军继续东行 70 里，至巩县驻跸。这里的接待工作同样让慈禧一行满意。吴永记载道：

> 先出城行三十五里，至黑石关。大驾即于此处渡洛河。已造有浮桥，皆用民舟联属，上覆以板，板上更用土平筑，宛如周行大道。行宫即在河畔。两岸绿树荫浓，群峰环拱，是一幅绝好图画。又三十五里，乃至巩县。大驾不久亦至。闻该县近年频遭洛水之患，横流冲荡，庐舍一空，仅存基址；县署在水中央，久为泽国。今年曾起行宫于城内高处，六月间河流暴涨，仍被冲决。后乃就县署故基改筑，戽水填土，垫高七八尺，鸠工庀材，计日而成。然视之颇觉坚固，崇墉屹峙，殊不类新筑者。城中民居，极为寥落，无屋可住。予乃前行出东门外，至离城三里之东寨住宿。（吴永口述《庚子西狩丛谈》）

显然，巩县当地布置接待工作中经历的种种波折和困难，吴永也有所耳闻。但吴永可能不知道的是，呈现在他们面前的道路之所以能如此平坦，行宫之所以能如此豪华雅致，与地方官倒无多大关系，这一切都要归功于一户姓康的人家。

原来在此前回銮路线拟定后，作为由洛阳至开封的必经之所，巩县就承担起了接待慈禧太后的重任。可惜该县近些年灾荒不断，百姓穷苦，官府困顿。一想到接待工作所需的大笔银两，几乎所有官员都愁眉不展。如何既令老佛爷满意，又不加重百姓的负担？这成了所有良知尚存的官员的心病。例如与巩县同属一省的汲县，县令因实在无力筹集到足够的银子，又不忍再搜刮民脂民膏，竟在绝望之中上吊自杀了！而《巩县志·知县史宜咏传》却记载："清帝回銮，县境筑行宫，差务之大，亘古未闻。宜咏率士绅筹备，智周计密，功成而里巷不扰。一生操持严洁，莅官有年，囊橐萧然。"那么这位巩县的父母官是如何创造奇迹的呢？原因很简单，当地有个超级富豪——康氏家族。

据康氏族谱记载，其祖籍本在山西洪洞，明初洪武年间大移民浪潮时迁居巩县。到第六代康绍敬时，康绍敬利用其曾任地方水陆交通和盐业、税务等方面官职的便利，组织家族子弟把河南的粮、棉、油等运销山东，又把山东的盐及海产品运销河南，由此开始发家。经过数代人的奋斗，康氏家族广泛涉足航运贸易，经营盐业、木材、粮食、棉花、丝绸、钱庄、药材等，建立起一个庞大的商业帝国，成为一度富甲鲁、豫、陕三省的显赫家族，这种兴盛的局面一直持续了400余年12代人，当地民间长期流传一句顺口溜："头枕泾阳、西安，脚踏临沂、济南"，"马跑千里不吃别家草，人行千里尽是康家田"。当然，纵然家财万贯，但身为地方富豪的康家人做梦也不会想到会与当朝皇上、皇太后扯上关系。而到了1901年这个特殊的年份，当老佛爷回銮路经巩县时，一份特殊的荣耀却不经意间降临到康氏家族的头上。

早在几个月前接到上司的通知后，巩县地方官其实已按规定为慈禧太后修建好了一座行宫，只待老佛爷届时大驾光临。却不料，这年夏天发了一场大洪水将行宫冲得无影无踪。眼看老佛爷驾临的日子越来越近，地方官不得不硬着头皮筹划重建行宫。然而财政枯竭，政府简直一贫如洗。无奈之下，堂堂的知县大人不得不请当时康氏家族的掌门人康建德施以援手，出资修建行宫。康建德当即爽快地答应了独自承担修建行宫的费用及迎驾工程的任务。

而且，财大气粗的康家不但斥巨资将沿途官道重新修整一番，还将伊洛河沿岸的淤塞处疏通以供大船通行。重建的行宫，位于洛水渡口附近的黑石关。当慈禧太后到来时，目睹这座豪华舒适的行宫，优美的周边景色，连声夸赞地方官差事办得好。除了花巨资修路、建行宫之外，为了表达对老佛爷的忠心，康家还另外向朝廷捐了100万两的银票。在听说了康氏家族的壮举后，慈禧太后决定亲自召见康建德。为报答老佛爷的隆恩，在觐见时，康建德进献了一份精心准备的贵重礼品——由开封城著名的金店师傅打造的皇清舆地图，这幅图浓缩到一只银制桶内，桶下边是银子做架支撑的一块金板，上面用姜块状的黄金装饰成高山、丘陵，用珍珠铺摆成四大河流，在北京的地标上镶嵌着一颗夜明珠，象征着"一统江山"。面对如此大礼，慈禧太后顿时龙心大悦，不禁脱口而出："不知此地还有百万富翁！"不久后，朝廷特赐康家"神州甲富康百万"金匾，从此"康百万"的名号在中原不胫而走。

为感念巩县一方人士的慷慨忠心，第二天起驾时，心情大好的慈禧太后特地下令将轿帘卷起来，任沿途跪送的百姓们一睹其尊荣，这在当年也算是一种特殊的恩惠！

第二章

开封的 32 个夜晚

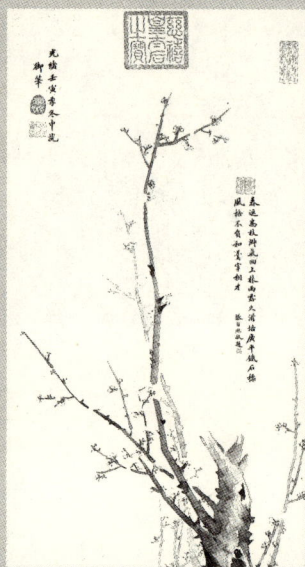

慈禧的画

一 那个叫李鸿章的人去了

九月二十六日上午，慈禧的銮驾告别巩县，前行 25 里，但见地势陡峭的横岭老犍坡顶上，赫然矗立着一座巍峨的行宫。经前来迎驾的官员介绍方知，此地已属开封府汜水县境内，而这座行宫便是汜水县地方官费尽心思修建的。负责打前站的吴永看到，该行宫："寝殿三楹，凭高矗起，八面开窗，可以凌空四望。东瞻嵩少，西瞰黄河，风景壮阔，心目为之一爽。两旁复道回廊，逶迤曲折，皆就地势布置，结构颇具匠心。"

在这座行宫作短暂停留后，回銮大队缓缓走下山岭，当天下午抵达 35 里之外的汜水县驻跸。这是一座小县城，经济也比较落后，城内只有一条街道，周围则是一片旷野，农田里的麦苗倒是绿油油的，长得颇有生趣。由于此地前不久遭遇洪水，县衙也被淹没，知县不得不带着一干人暂借附近的书院做办公场所。如今为了迎接老佛爷的驾临，便又紧挨着书院修筑了一座规模宏伟的行宫。时值深秋，正是菊花盛开的季节，地方官从四面八方搜罗来大批名贵的菊花，一盆一盆摆放在行宫的庭院及廊庑下。老佛爷本就喜欢菊花，当她在这穷乡僻壤的小县城居然看到如此美景，自然心旷神怡，免不了又对地方官们夸赞一番。

第二天下午，回銮大军抵达开封府属下的荥阳县驻跸。与前一站汜水县一样，荥阳县行宫内也到处摆放着菊花，甚至种类更加繁多。以至于陪同老佛爷赏花的吴永都在心里琢磨："宫内亦皆遍艺菊花，廊牙墙角，遍地

老犍坡口。1901年慈禧回銮途中所摄

巩关。横岭为巩县至汜水县之间的制高点，因属军事重地而又称巩关。 1901年慈禧回銮途中所摄

老鸹坡顶行宫。老鸹坡又称横岭，在今巩义东 25 里处，地处自洛阳东行官道正中，东西绵亘 45 里，因其形似牛脊故俗称老鸹坡。慈禧回銮时，地方官在坡顶官殿村修建了一座行宫，民国时被拆毁。1901 年慈禧回銮途中所摄

魁星阁。1901 年慈禧回銮途中所摄

皆是，而种类尤多于氾水。或大如盘盂，或细如松子，奇形异态，五色纷错，率皆目所未见之物，不知从何处罗致而来，想亦费几许经营也。"

据地方志记载，当天用膳时，荥阳特地向老佛爷呈上一盘当地特产——柿饼。荥阳虽然物产并不富饶，不过柿子却久负盛名。慈禧太后一尝，果然满口生津，甘甜异常，不由连连称赞。趁着老佛爷高兴，知县又顺势讲了个故事，说当年明朝开国皇帝朱元璋年幼流浪时曾饥寒交迫，正是因为吃了荥阳的柿子才得以活命，所以在当了皇帝后便封荥阳柿子树为"傲霜侯"，并定其为贡品，此后代代相传。不过也正因荥阳的柿子有名，到本朝时当地百姓还要为此缴纳很重的赋税。听到这里，心情大好的慈禧太后当场下令免除荥阳百姓的这项赋税。

除了柿子，当地官员还向老佛爷报告说，为了与前方联系方便，连接荥阳与省城开封之间的电报线已经架好。这就意味着老佛爷今后便能在最短时间内了解开封乃至京城发生的大事，而无须探马六百里加急来回奔波啦。却不料这条电报线路真就派上了用场。当天下午，一封来自京城的急电震惊了慈禧太后和光绪皇帝，甚至整个回銮大军都被吓呆了：时任直隶总督，刚刚同洋人完成议和谈判的李鸿章大人已于本日中午时分病逝！听

李鸿章（1823—1901年），安徽合肥人，晚清名臣。梁启超在《李鸿章传》中称："鸿章必为数千年中国历史上一人物，无可疑也。李鸿章必为十九世纪世界历史上一人物，无可疑也。"早在年轻时，这位安徽才子就表现出了对仕途和追逐功名的强烈欲望。20岁那年，当他赴京赶考时，曾写了一首后来广为传诵的诗："丈夫只手把吴钩，意气高于百尺楼。一万年来谁著史，三千里外欲封侯。定将捷足随途骥，那有闲情逐水鸥。笑指卢沟桥畔月，几人从此到瀛洲。"从1862年担任江苏巡抚起，一直到1901年去世，李鸿章几乎从未离开过官场。图为八国联军侵华期间，77岁高龄的李鸿章受命从广东北上同列强谈判

荥阳县行宫。据考证，此荥阳县行宫在东赵村，5门9间，今已无存，现址为当地一所小学。1901年慈禧回銮途中所摄

到消息，慈禧太后不禁悲从中来。

　　毫无疑问，在这大局初定、两宫即将返回京城的关键时刻，大清朝数十年来的顶梁柱李鸿章骤然病逝，对于满朝文武而言都不啻晴天霹雳。关于当时人们的反应，曾与李鸿章共事多年的吴永怀着悲痛的心情记载下了这样一番情景：

荥阳县行宫。1901年慈禧回銮途中所摄

　　旋得京师来电：合肥相国，已于今日午刻逝世。得此噩耗，兀如片石压入心坎中，觉得眼前百卉，立时皆呈惨色。闻两宫并震悼失次，随扈人员，乃至宫监卫士，无不相顾错愕，如梁倾栋折，骤失倚恃者。至此等关键，乃始知大臣元老为国家安危之分量。想此时中外朝野，必同抱有此种感想；即平时极力诋毁之人，至此亦不能不为之扼腕？公道所在，殆不可以人力为也！公之隆勋伟绩，自表表在人耳目。晚年因中日一役，未免为舆论所集矢。然自此番再起，全国人士，皆知扶危定倾，拯此大难，毕竟非公莫属，渐觉誉多而毁少。黄花晚节，重见芬香，此亦公之返照也。（吴永口述《庚子西狩丛谈》）

1870 年，李鸿章接替恩师曾国藩，出任直隶总督兼北洋大臣，从此开始执掌清朝外交，成为与国际社会打交道最多的大臣。

客观地讲，在晚清时期办理头绪杂乱的外交，放眼当时的中国，恐怕只有李鸿章能够担此重任了。由于守旧顽固势力的存在，每一次对外交涉时，主张和局外交的李鸿章都会遭到抨击和诽谤。但事实却是，每一次大清朝与列强交战，结果无非是丧权赔款，而最终收拾残局的都是李鸿章。更悲哀的是，当中国民众齐声痛骂李鸿章丧权辱国时，却不知他根本就没有那么大的权力，他本人所扮演的不过是替罪羊的角色罢了。

1895 年 4 月 17 日上午，经过长达数月的谈判后，在日本马关一家名为"春帆楼"的河豚料理店里，清朝全权代表李鸿章与日方签订了丧权辱国的《马关条约》，在甲午战争中一败涂地的中国被迫向日本割地赔款。回想起过去那噩梦般的几个月，李鸿章不禁悲从中来。本来作为败军之将就够痛苦的了，朝廷竟又严令他作为全权代表去与日本人谈判。局外人都知道，无论谈判结果如何，这项差事唯一的报酬就是唾骂。然而君命难违，已经七十有余的李鸿章不得不踏上日本的国土。果然，条约签字的消息一经传出，国人立即骂声一片："卖国者秦桧，误国者李鸿章！"与此同时，昔日的政敌也对李鸿章群起攻击，就连对他一向信任的慈禧太后老佛爷也转而重用他人了。

在 1895 年蛰居于贤良寺期间，内心极为苦闷的李鸿章曾对幕僚吴永说了这样一番话："我办了一辈子的事，练兵也、海军也，都是纸糊的老虎，何尝能实在放手办理？不过勉强涂饰，虚有其表，不揭破犹可敷衍一时。如一间破屋，由裱糊匠东补西贴，居然成一净室，虽明知为纸片糊裱，然究竟决不定里面是何等材料。即有小小风雨，打成几个窟窿，随时补葺，

李鸿章访问德国期间留影，摄于 1896 年

李鸿章访问美国期间留影，摄于 1896 年

亦可支吾应付。乃必欲爽手扯破，又未预备何种修葺材料，何种改造方式，自然真相破露，不可收拾，但裱糊匠又何术能负其责？"不料仅过了五年，他最担心的事就发生了。1900年，在义和团运动的风潮中，以慈禧太后为首的一班王公大臣竟丧失理智地对列强集体宣战，终于将大清王朝这座纸糊的屋子扯破了。

1900年6月，随着八国联军入侵，清王朝宣布与各国进入战争状态。李鸿章当时正在遥远的南方担任两广总督，据说当他得知这一消息之后，顿时罕见地捶胸顿首，痛哭流涕。当来自北京的电报要求南方各省北上勤王时，李鸿章竟公然违抗圣旨，并与江南各省督抚结成"东南互保"同盟，静观时局的变化。不久，朝廷再度任命他为直隶总督兼北洋大臣，以全权大臣的身份与列强交涉。可惜的是，随着形势的急剧恶化，李鸿章手中的筹码也越来越少了。8月15日，京城沦陷，慈禧太后携光绪皇帝及少数亲信仓皇逃往西北。9月29日，李鸿章硬着头皮从广州出发一路北上，于10月11日到达北京，开始着手最后一次替大清帝国收拾残局。由于压力过大，加上年老体衰，"裱糊匠"终于病倒了。已经开始咯血的他深知自己时日无多，而与列强的谈判却注定是一场持久战。即便是生命垂危，李鸿章仍显示出大清第一外交高手的能耐。他充分利用列强之间的矛盾，并采取拖延、游说等手段，终于将赔款额从10亿两白银降到4.5亿两，虽然最终的数字带有明显的侮辱性，但朝廷仍感到庆幸万分，毕竟列强没有要求惩办太后和皇帝。

1901年9月7日，李鸿章与庆亲王奕劻一道，代表清朝与列强十一国签订了《辛丑条约》。又是一个卖国的不平等条约，又是李鸿章签字！眼看国家的权益和银子一次次经自己之手拱手送人，李鸿章这次是悲恸到极点了。签完字回家的路上，他就大口吐血，医生诊断为胃血管破裂。痛定思痛，心犹不甘的李鸿章在病榻上给朝廷上了最后一道奏折，内中言道："臣等伏查近数十年内，每有一次构衅，必多一次吃亏。上年事变之来尤为仓促，创深痛巨，薄海惊心。今议和已成，大局稍定，仍希朝廷坚持定见，

为了收拾庚子事变的残局，李鸿章再度临危受命，担负起同列强谈判议和的重任。图为他在英国军队的护送下抵达天津

外修和好，内图富强，或可渐有转机。"

1901年11月7日（即农历九月二十七日）午时，病入膏肓的李鸿章终于走到了人生的尽头，享年78岁。临终前，他曾赋诗一首感慨自己的一生："劳劳车马未离鞍，临事方知一死难。三百年来伤国步，八千里外吊民残。秋风宝剑孤臣泪，落日旌旗大将坛。海外尘氛犹未息，诸君莫作等闲看。"而此时，在北京的街头，"卖国者秦桧，误国者李鸿章"的讨伐声仍在久久回荡……

李鸿章死后，因感念其盖世功勋，朝廷也确实没有亏待他。慈禧太后和光绪皇帝都曾流了眼泪，并下旨对李鸿章予以堪称最高规格的表彰：

朕钦奉慈禧端佑康颐昭豫庄诚寿恭钦献崇熙皇太后懿旨，大学士一等肃毅伯直隶总督李鸿章，器识渊深，才猷宏远，由翰林倡率淮军，戡平发捻诸匪，厥功甚伟。朝廷特沛殊恩，晋封伯爵，翊赞纶扉，复命总督直隶，兼充北洋大臣。匡济艰难，辑和中外；老成谋国，具有深衷。去年京师之变，特派该大学士为全权大臣，与各国使臣妥立和约，悉合机宜。方冀大局全定，荣膺懋赏，遽闻溘逝，震悼良深。李鸿章着先加恩照大学士例赐恤，赏给陀罗经被，派恭亲王傅伟带领侍卫十员，前往奠醊；予谥文忠，追赠太傅，晋封一等侯爵，入祀贤良祠，以示笃念荩臣至意。其余饰终典礼，再行降旨，钦此。(《清实录·德宗》)

而在国际上，包括李鸿章的敌人在内，都对他给予了极高的评价。就连日本首相伊藤博文也认为，李鸿章是大清帝国中唯一有能耐与世界列强争长短之人。

不过，如果考虑到慈禧太后对于自己的知遇之恩，李鸿章在九泉之下也应该感到欣慰了。虽然他比皇太后年长十岁，但一直以来，两人之间似乎就存在一种惺惺相惜的默契，并在长达三十余年的时间里互相信任，互相支持。即便是在戊戌变法期间，李鸿章曾一度暗中支持光绪皇帝的改革政策，但在事后，慈禧太后明明了解实际情况，却也没有追究老李的责任。据说在镇压了维新党人、囚禁了光绪皇帝之后，慈禧太后召见了李鸿章，并当场给其看了许多保守派官员弹劾他的奏折。只见慈禧缓缓问道："他们都说你是康梁一党，可有此事？"结果李鸿章老老实实地回答说："臣对于废立之事，不敢妄加议论，而对于变法，实则康梁一党。国家之衰弱，急需改变。"听到这番回答，慈禧半晌不语，末了叹口气说："我何尝不知，只是国家艰难，百姓愚昧，变法怎能一下子变过来？"由此可见，慈禧对于老李不参与废立的表态表示满意，对变法的治国理念也表示认同，因此在以后也不再怀疑后者的忠心。对于他们之间这种牢固的政治联盟，当年英国的《泰晤士报》甚至刊登了一篇题为《李鸿章与慈禧太后》的文章进行论述，其中写道：

1881年，咸丰皇帝的正宫慈安太后去世，这使仅存的皇妃——慈禧太后开始独揽摄政大权。在毫无疑问地衡量过这个专横女人的能力和野心之后，李鸿章成为她最信任的也是最坚定的党羽。

许多事情将手腕精明的总督和他的皇太后绑在了一起，让他们在众多的隐藏在紫禁城红墙之内的黑暗秘密上达成了共识。

虽然具备现代文明的精神，但李鸿章却并不是一个具有真正同情心的人，可是，他够聪明，也够实际，能够认识到现代文明所能实际体现出的价值。他是第一个意识到要将电报技术用于管理和商业用途的清国人，他也雷厉风行地除掉了地方上以古代风水来抵抗"野蛮"创新的反对势力。他购置了铁甲舰、来复枪，并且雇用了为数不多的欧洲教官们，然后将他那些酬劳低下、吃不饱穿不暖的苦力们转变成了军人和水手。他开创了国有贸易公司，甚至还开始开发国家的矿产资源。若以欧洲标准来衡量，他是一个无知者；但是他富于机智，对一切新奇事物都有着强烈的好奇心，在和各种类型、各种条件的欧洲人打交道的过程中，他对许多事物都有了一知半解的了解。

更离谱的是，由于慈禧太后同李鸿章之间特殊的关系，西方一些极不负责任的媒体居然曾编造了有关二人的绯闻。1898年10月20日，大名鼎鼎的美国《纽约时报》刊登了一则题为"李鸿章结婚了吗"的政治新闻，其内容居然是这样的：

中国年轻的皇帝光绪陷入了极度的沮丧与愤怒之中，因为他的母亲、中国的皇太后，于1898年9月22日上午再次结婚，她在一个名叫"新发"的小寺庙中嫁给了中国最具声望的政治家李鸿章。随后，这对新婚的老夫妇乘火车前往天津度蜜月，为了防止他人追随，他们还将沿途经过的铁路均予拆除。……这对吸引了全世界目光的新婚夫妻，他们将在旅顺港口度过一段幸福的时光，据说，这样做的目的不仅是为了避免皇帝本人的尴尬，也是为了消除另一位政治家荣禄的愤怒，尽管皇太后慈禧曾经两次怀上过荣禄的孩子，但最终，这位风韵犹存的皇太后成了李鸿章的个人收藏品⋯⋯

尽管第二天《纽约时报》便发现这是一条假新闻，并随即以"李鸿章没有结婚"为题进行了更正，但其所产生的后果却极其恶劣。以至于直到两年后，当八国联军攻入中国后，联军统帅瓦德西居然还拿着当年那份《纽约时报》盛气凌人地向李鸿章交涉，要求后者交出慈禧太后！真真令人哭笑不得。

多年的主心骨李鸿章病逝后，慈禧太后经与大臣们紧急商议，决定由李鸿章生前推荐的袁世凯由山东巡抚继任直隶总督兼北洋大臣。从此，大清朝的内政外交便进入了袁世凯时代了。

二　难离开封

1. 郑州到开封

九月二十八日，尽管尚未从李鸿章病逝而引起的伤痛中平息，慈禧太后一行仍按照原计划从荥阳启程。东行 70 里，当天晚间抵达郑州。此后两个晚上，老佛爷都是在郑州过的夜。十月初一一早，銮驾离开郑州。一百多年前的郑州还只是河南省一个普通的州级行政区，地位远远低于省城开封，所以虽然是短短的两天，当地官民还是高度紧张了一回。当地一则名为《慈禧回銮过商都（郑州古称——笔者注）》的文献曾形象生动地描述了当年的情形：

（慈禧銮驾）九月下旬抵郑，驻跸州衙中，随行王公大臣则散居南街、西街各士绅宅。全城"鸡入笼、狗上绳",保持安静,不得惊扰。知州李元祯,早已征发民工,整修道路,使之宽三丈,高一尺,上铺黄沙称为"叠路"。距城东20里搭建彩棚,以供侍从人员休息。在圃田西二十里铺高搭彩棚,布置华丽,选备一应器物,选派侍女,支应皇差。

农历十月初一上午,车驾自州衙出,武将宋庆骑马率马队为先导,继为步卒及侍从官员簇拥许多车骑,太后及帝所乘为八抬黄色御轿,左右四人挽纤,后有某王爷(或为帝弟)亦坐黄轿,之后还有很多红轿、蓝轿以及李莲英为首的车队,所载妇女,衣饰各异,自县城至中牟县界,数十里间老少乡民夹道"看过朝廷"。车驾将到,侍卫人员令百姓肃礼脱帽,不许作声和乱动。只闻车轮、马蹄、脚步之声。唯一一些帽缀锡雀顶子身穿蓝袍的廪生、秀才们可在轿前抢一步下跪磕头,俟车驾过后,即自行起立。虽侍从视若无睹,不予理睬,而这些腐儒们却自以为荣。轿门虽敞开,而百姓都俯首迎送,不敢抬头。有大胆偷觑者,见帝戴特形小帽,黄瘦抑郁,倚背而坐,武将宋庆长面白须,马大人(可能是马玉昆或马三元)十分威武。有少数举人秀才贡献礼品,须经总管太监审视,多数拒收退还。路旁侍卫每行百步许,撒些特制的银质薄片,俗称"银叶子",上刻图案,每片能值铜钱十数文,百姓争拾,以为得者可以增福延寿。知州李元祯为办皇差,忙碌不堪,谨慎供奉,不敢稍懈。启跸之日,步行随侍御轿左右,直至跪送车驾离境,竟不能起立。口中还连称"老佛爷平安过了圃田,我辈有命矣"。经人扶起又不能行,乃雇一手推车送至车门,再由衙轿接回寓所。数天后才能出庭理事,须发见白。其精神紧张,张罗之劳累,可以想象。(《郑州市管城回族区志》)

由郑州东行70里,銮驾至中牟县驻跸。从后世流传的一些民间传说来看,当年这里的百姓是非常不欢迎慈禧太后一行的。据《中牟县志》记载:光绪二十七年(1901年),光绪皇帝与慈禧太后,自陕西返京,道经中牟,东漳瓜豆作为地方名菜,被中牟知县献给慈禧太后和光绪帝食用,因其旨味极佳，慈禧太后和光绪帝顾问左右，知是东漳瓜豆，遂封其为贡品。尽管老佛爷的垂爱大大提高了中牟特产的知名度，但总的说来，由于需接待数千人的庞大队伍，百姓们不得不忍气吞声，在地方官的驱使下搭彩棚、修道路，凭空多出一堆苛捐杂税，还要在慈禧车队经过时"鸡入笼，狗上绳，牛羊入圈人禁行"，百姓自然是怨声载道。更有甚者，传言在跪迎慈禧一行时，某女子头上因丧夫而戴的白头绳未去，竟被御前侍卫当场斩首，其场面惨不忍睹！据说为了发泄对慈禧的怨恨，当地便有人推出一种食品：将肉末和面粉制成类似人头的丸子，暗喻慈禧，然后在油锅里炸，以解心头之恨，并起名"炸四喜（慈禧谐音）"，于是就有了四喜丸子这道著名的河南名菜。

十月初二下午四点左右，慈禧銮驾抵达河南省城开封。尽管天气已经

河南省行宫。慈禧回銮时的河南省行宫是在当年乾隆路过开封时所修行宫的基础上翻修的，地处今开封城区行宫角一带。值得注意的是，在行宫前院布置着大量花灯。据记载，这些花灯由敬文斋老板张弘监造，当时由于受到慈禧的称赞，因此有了"汴梁灯笼张"的美名。摄于1901年慈禧回銮途中

转冷，但河南巡抚松寿早早就率领全省文武百官以及乡绅耆老在城外迎驾。为了犒赏开封官民的久候，慈禧特命御前大臣传旨，准万民观看御容，一路都不放轿帘，只是在穿过城门时因风沙太大，才把帘子放下，直接入住行宫。老佛爷很快就发现，与洛阳知府文悌相比，河南巡抚松寿的迎驾工作也丝毫不落下风，甚至更胜一筹。行宫虽说不是新建，而是翻修当年乾隆爷路经开封时所住的旧行宫，但布置得金碧辉煌、典雅肃穆。据事先进行了实地考察的吴永回忆："（开封）行宫陈设极壮丽，入内瞻仰一周，俨然有内廷气象矣。"有关资料显示，慈禧在开封总共滞留33天，大约花费了180万两白银。

更令老佛爷欣慰的是，入住开封后，她最信任的老臣、刚刚与李鸿章一起完成和议的庆亲王奕劻也从北京赶来迎驾了。史书记载，抵达开封的

河南省行宫，摄于1901年慈禧回銮途中

河南省行宫，摄于 1901 年慈禧回銮途中

庆亲王奕劻（1838—1917年），清末权臣，首任内阁总理大臣。庆亲王为官，能力不高，学问不行，名声也不太好，官运却好得出奇。在清朝的最后十年，奕劻或为领班军机大臣，或为内阁总理，一直执掌机要，被爱新觉罗家族视为断送大清的头号罪人

当天，慈禧顾不上休息就立刻召见了奕劻，"垂询都中情状甚悉，良久始退出"。面对这位小自己三岁的爱新觉罗家族远房小叔子，老佛爷一定是感慨万千。由于迫切希望了解北京方面的许多情况，在随后四天的时间里，慈禧每天都召见奕劻，直到初六才令其返回京城安排后续工作。正是由于慈禧的高度信任，就是从这时起，原本才具平庸的奕劻一跃成为大清王朝最后十年最显赫的政坛显贵，并在王朝覆灭的过程中扮演了重要角色。

2. 庆亲王奕劻红了

纵观爱新觉罗·奕劻（1838—1917年）的官场生涯，由原本默默无闻的远支宗室一步步攀升至位极人臣的铁帽子亲王，其经历也算得上清朝历史上的奇观了。

从爱新觉罗家族宗谱上论，奕劻的始祖乃乾隆帝十七子永璘。据史书记载，永璘不喜读书，贪玩游乐，因此颇不招父皇待见，直到其兄嘉庆皇帝登位后才被封为庆郡王，1820年临终前晋封为亲王。永璘之后，其支系也日渐没落，至奕劻承继时爵位已降至辅国将军。不过由于为人圆滑，善于逢迎，到慈禧太后当政时，原本已属远支宗室的奕劻竟在仕途上一帆风

河南省行宫，摄于 1901 年慈禧回銮途中

庆亲王奕劻（1838—1917年），清末权臣，首任内阁总理大臣。庆亲王为官，能力不高，学问不行，名声也不太好，官运却好得出奇。在清朝的最后十年，奕劻或为领班军机大臣，或为内阁总理，一直执掌机要，被爱新觉罗家族视为断送大清的头号罪人

当天，慈禧顾不上休息就立刻召见了奕劻，"垂询都中情状甚悉，良久始退出"。面对这位小自己三岁的爱新觉罗家族远房小叔子，老佛爷一定是感慨万千。由于迫切希望了解北京方面的许多情况，在随后四天的时间里，慈禧每天都召见奕劻，直到初六才令其返回京城安排后续工作。正是由于慈禧的高度信任，就是从这时起，原本才具平庸的奕劻一跃成为大清王朝最后十年最显赫的政坛显贵，并在王朝覆灭的过程中扮演了重要角色。

2. 庆亲王奕劻红了

纵观爱新觉罗·奕劻（1838—1917年）的官场生涯，由原本默默无闻的远支宗室一步步攀升至位极人臣的铁帽子亲王，其经历也算得上清朝历史上的奇观了。

从爱新觉罗家族宗谱上论，奕劻的始祖乃乾隆帝十七子永璘。据史书记载，永璘不喜读书，贪玩游乐，因此颇不招父皇待见，直到其兄嘉庆皇帝登位后才被封为庆郡王，1820年临终前晋封为亲王。永璘之后，其支系也日渐没落，至奕劻承继时爵位已降至辅国将军。不过由于为人圆滑，善于逢迎，到慈禧太后当政时，原本已属远支宗室的奕劻竟在仕途上一帆风

顺：1852 年赏固山贝子；1860 年晋贝勒；1872 年加郡王衔，授御前大臣；1884 年接任总理各国事务衙门大臣，晋庆郡王；1894 年晋庆亲王；1903 年授军机大臣；1908 年以亲王世袭罔替；1911 年任"皇族内阁"总理大臣。而其成功的奥秘，就是得到了慈禧太后的赏识与器重。特别是通过 1900 年庚子事变以及随后的辛丑和谈中的表现，奕劻一跃成为大清朝最炙手可热的人物。由于奕劻的权势显赫，就连他家的仆人都敢在地方上作威作福，当时的一家报纸曾记录下了他们的丑行：

　　庆王的家眷，八月廿四到河南，戈什哈便到供支局要下马费。局里的小委员说了一句实在是没有铜钱，开销不出，戈什哈登时大怒骂道，里面有二品顶戴姓朱的，拖他出来。局里的人看见他发脾气了。他是皇帝自己一家人庆亲王的戈什哈，谁敢得罪他，只好用好言好语劝他气渐渐平下去，依旧送了他下马费的，才算安耽无事。但是供支局备办的锡器，已经被这一伙人拿去大半。吵闹了一番，廿七日起行回北京去了。

（转引自《义和团史料》）

　　实际上，在 1900 年庚子事变期间对待义和团问题上，作为总理衙门大臣的奕劻原本与慈禧太后是有分歧的。起初，面对来势汹汹的义和团和列强的压力，奕劻曾多次领衔上奏请求拿办义和拳。而慈禧在与顽固派大臣密议之后，采纳了"主抚派"的建议，决定利用义和团来对抗列强，并下令由亲信端郡王载漪代替奕劻为总理衙门大臣。暂时靠边站后，奕劻一度成为顽固派的眼中钉，当时甚至流传有载漪欲杀奕劻的说法。至于义和团，更是将奕劻视为仅次于李鸿章的大汉奸，好在他处世圆滑，赶紧对朝政装聋作哑才逃脱更大的灾难。幸运的是，在随后八国联军攻入北京、慈禧太后携光绪西逃之后，面对无人收拾的烂摊子，朝廷再度想起了已靠边站的奕劻。英国人、海关总税务司赫德就建议："各国素与庆亲王奕劻办事多年，最为信服……必须三日内请庆王迅速会晤，以安宗社而救百姓。"于是

1900年八国联军侵华期间，庆亲王奕劻和李鸿章一起受命与列强议和谈判，此项"功劳"也使其受到慈禧太后的宠信

奕劻在英、日军队护送下回到北京，开始与列强展开交涉，最终于1901年9月签订《辛丑条约》，从而为慈禧太后的回銮提供了最可靠的保障。

当然，奕劻之所以能在事后得到慈禧的高度信任，最重要的原因就是在议和条件中，列强答应不把慈禧列入支持义和团的"惩凶"名单中。然而事实上，慈禧太后之所以能被"保全"，最应感激的人是李鸿章。因为在同列强谈判时，老李才是真正的执行者和谋划者，而奕劻才能有限，常常遇事推诿，没有起到决定性的作用，只不过他运气太好——李鸿章在条约签订后不久便心力交瘁离世，这样一来全部的功劳便归到了奕劻头上，以至于当时的舆论界一致愤愤不平地认为："庆王以辛丑议和成，大受慈眷，然实在是李文忠未竟之功，庆王可谓贪天之功也。"对于奕劻而言更幸运的是，1903年，慈禧最信任的大臣荣禄也在回到北京不久后去世。由于当时满族显贵中实在没有可靠的大臣，结果奕劻就接替荣禄成了领班军机大臣，就连他的儿子载振也被任命为御前大臣和农工商部尚书。

凭借着辛丑年的这次重大机遇，奕劻开创了他不一样的人生。从1903年起，作为首席军机大臣，他兼管外交、财政、练兵等事务，总揽朝政大权，1908年又成为世袭罔替的铁帽子亲王。1911年，清王朝被迫实行政治改革，裁撤军机处，奕劻又出任"皇族内阁"总理大臣。个人权势达到了顶峰，奕劻开始暴露出贪婪的本性。他利用手中的权势，与自己的儿子载振一道公开收受贿赂、卖官鬻爵，因此被民间讥为"老庆记公司"。据时人粗略计算，奕劻通过受贿索贿聚敛的家产折合白银竟在亿两以上，而当时大清帝国一年的财政收入也不过八千多万两。奕劻贪腐的名声不仅是国内闻名，更是名扬海外。1911年，《泰晤士报》发文称奕劻："彼之邸第在皇城外之北，北京大小官员，无一不奔走于其门者，盖即中国所云'其门如市'也。"奕劻如此贪腐，当然不免遭到弹劾。不过，对于圣眷正隆的庆王而言，这些弹劾无异于蚍蜉撼树。1904年，御史蒋式瑆上疏弹劾奕劻"将私产一百二十万两送往东交民巷英商汇丰银行收存"等罪行，结果因"查无实据"反而被申斥。其实以慈禧的精明，对奕劻之贪怎会毫无所知？据说慈禧曾对人说，奕劻凭借朝廷势力，大肆中饱私囊，是对不起自己对他的一片用心的。可是如果以他人替换奕劻，"他人遂足信哉？"。

慈禧太后或许不会想到，恰恰是她最器重和纵容的这位宗室显贵，却在后来成为许多人眼中断送大清王朝的头号罪人。

原来在1911年10月武昌起义爆发后，眼看大清王朝风雨飘摇，朝野上下惊慌失措，无论是隆裕太后还是摄政王载沣，统统不知该如何应对。于是身为内阁总理大臣的奕劻以形势危急为由，提议起用与其私交颇笃的袁世凯，并得到那桐、徐世昌等内阁成员的附和。无奈之下，载沣只得宣布解散皇族内阁，任命袁世凯为内阁总理大臣。随后在袁世凯的主导下，清廷与南方革命军展开了南北议和。为了促使清帝退位，达到袁世凯的目的，奕劻对隆裕说："革命军队已有五万之众，我军前将士皆无战意。"又劝告载沣说："全国已去大半，幸能偏安，亦难持久。果能融合满汉，改良政体，似不妨和衷商办。若因固执而至决裂，则满人均为我一家所累。"据坊间传言，身为满洲皇室贵族的奕劻之所以情愿充当逼宫的说客，极力主张清帝退位，竟然是因为他收了袁世凯300万两白银的贿赂！1912年2月12日，走投无路的隆裕代表小皇帝颁布诏书宣布退位，大清王朝就此退出历史舞台。鉴于奕劻在清王朝覆灭前后的表现，许多宗室成员都对其愤恨不已，认为他："以理内政，则内政无不荒；以理外交，则外交无不败……奕劻于皇族中，固断送满清之第一罪人矣。"

清帝退位后，被宗室孤立的奕劻先是迁居天津，后又回到北京，1917年1月病故。虽然此时溥仪退位已经有几年了，但在满清那些遗老遗少眼中，他仍然是皇帝，能得到他的封赐仍是莫大的荣耀。因此，溥仪依照旧例，派贝勒载涛带领侍卫前往祭奠，并赏给陀罗尼经被和三千元治丧费。按照惯例，小朝廷的内务府还为奕劻拟好了谥号"哲"，结果却被溥仪断然否定，而是另拟了"谬""丑""幽""厉"等恶谥。因为在溥仪眼中，奕劻"受袁世凯的钱，劝太后让国，大清二百多年的天下，断送在奕劻手里"。幸亏经载沣等人的力劝，溥仪才看在宗室的面子上，最终才不情愿地赐谥号"密"，意思是"追补前过"。而在清代亲王谥号中，"密"是最差的一个字了。倘若慈禧太后在九泉之下看到这一幕，想来一定会心绪格外复杂吧。

3. 老佛爷的又一个生日

抵达开封的第二天，慈禧太后就传出话来，本年度"皇太后万寿典礼，概行停止"。本来为了迎接老佛爷十月初十的生日，聚集在开封的大小臣工们已开始精心准备策划一个隆重的"万寿节"了，现如今老佛爷金口玉言，要求厉行节俭，不由令人心生感慨。

提起过生日这件事，简直就是慈禧太后心中最不堪回首的一道"坎儿"。回想起来，年轻时因疲于应对宫廷权力争斗，哪里有心思大张旗鼓地过生日。后来好不容易"垂帘听政",成了皇太后,结果自己亲生的儿子同治皇帝不争气,年纪轻轻就离开了人世。不得已慈禧又被迫立年幼的光绪为皇帝,再度从娃娃抓起培养新的接班人。好不容易熬到光绪亲政,眼看就要享清福了,结果又闹出了母子反目的悲剧,过生日自然更没什么好心情了。更离奇的是,老佛爷一生每逢整十的大寿之年,大清朝总会遇上磨难:1874年日本攻打琉球,1884年中法战争,1894年甲午战争,1904年日俄战争,这些不省心的事每次都直接毁掉了自己的"万寿节",说来真是有些凄惶呀!现如今,虽然暂时度过了流亡的耻辱与磨难,但老佛爷依旧没有多少心情过67岁大寿,因此才在抵达开封后第一时间给官员们下达"最高指示"。

不过从事态的发展看,老佛爷勤俭节约的精神并未得到彻底执行。据

开封铁塔。开封铁塔为著名的古迹,地处城区东北隅。该塔原称"开宝寺塔",高55.88米,八角十三层,本为砖结构,因外侧所砌褐色琉璃砖酷似铁铸,从元代起就被民间称为"铁塔",此处今已改为公园。摄于1901年慈禧回銮途中

记载，十月初十日慈禧太后万寿节当天，开封的官员们依然为老佛爷准备了颇为隆重的庆典，"百官皆蟒袍补服，诣宫门外排班，行朝贺礼"。中午时分，亲贵大臣们每人得到"大缎二匹，江绸袍褂料一卷，并蒙加赉橄榄、鱼翅、燕窝、桂圆、藕粉、蜜枣糕等食物多品"的赏赐，可见当天老佛爷的心情也相当不错。如果再结合民间流传的各种趣闻，大致可以还原当天的情形。虽然没有像在北京时那般彻夜笙歌，但老佛爷却也过了一番美食瘾。地方志的记载表明，当天为了给老佛爷祝寿，开封的官员们特地请来几位河南名厨，操办了一场"万寿庆典宴"。例如著名的豫菜名厨陈永祥，就一口气奉献了自己最拿手的套四宝、烧臆子、凤踏莲、扒象鼻、红烧麒麟面等名菜，老佛爷吃到高兴处，当即赏了陈师傅50个银元宝。此外，像名厨孙可发的糖醋软溜鲤鱼焙面、紫酥肉等大菜也受到老佛爷的连连夸赞。

而在民间，对于慈禧太后这次低调的万寿节却是另外一番评价。特别是一些报刊上，就充斥着尖锐的批评与嘲讽：

> 皇太后准定在十月初十前到河南开封府，便在开封府大做生日。各种报上，有的说皇上赶在冬至节前回京，太后仍留住开封；有的说两宫今年一同回京；有的说两宫都要明年回京，究竟不知怎么样。但是外国人定要两宫今年回京，只答应在开封驻跸十天，住过十天，便要北渡。……河南省供支局承办点心委员，特地到山东招募会做点心的人，制成各样玲珑细巧好吃好看希奇的点心。有看见的人说，那点心的模样，同京城里卖的八大件差不多。

> 承办花草委员用尽心机，办到菊花一千几百盆，多是异色异样顶贵重的好货。其余佛手、金菊各种花果，说也说不得许多。听说两宫到时，还要造几个极大的地窖，把海棠、牡丹这些花儿放在地窖里，用火盆熏开花蕊，好叫两宫看了花花世界，心花儿朵朵开。这也算是做皇太后、皇帝的福气，做臣子的忠心。（《杭州白话报》1901年第18期）

河南省二曾祠。二曾祠系为纪念晚清名臣曾国藩、曾国荃兄弟而建，地处开封东湖东南角。1893年，时任河东河道总督许振玮为纪念恩师曾国藩而主持修建。二曾祠当年规模宏大，精致优美。据说1901年慈禧回銮停留开封期间，曾在祠内的环凤阁中设宴招待过外国使节。可惜由于历史的变迁，该建筑已基本无存。民国时冯玉祥曾入住此处，今为开封市图书馆。摄于1901年慈禧回銮途中

河南省二曾祠，摄于1901年慈禧回銮途中

河南省古吹台。古吹台又称禹王台，地处开封城东南隅，今已辟为公园。相传春秋时晋国大音乐家师旷曾在此处一土台上吹奏乐曲，故后人称此台为"吹台"。摄于1901年慈禧回銮途中

河南省古吹台，摄于1901年慈禧回銮途中

河南省禹王台前后图。因开封屡遭黄河水患，为怀念大禹治水的功绩，明代嘉靖年间在古吹台上建禹王庙，因此吹台被改称为禹王台。摄于 1901 年慈禧回銮途中

河南省禹王台前后图，摄于 1901 年慈禧回銮途中

即便是在开封当地，百姓们对滞留多日的慈禧太后似乎也没有好感，就连一向不问尘世的佛教界，也衍生出一则相国寺长老智辱慈禧太后的传说来。这则在开封当地广为流传的故事说：有一天慈禧太后率众臣到著名的相国寺上香拜佛，闹得百姓鸡犬不宁。相国寺长老智清出于义愤，以献宝为名，将一个木桶抬到慈禧跟前，桶中装满黄土，土上则长着一堆姜芽，寓意为"一统江山（一桶姜山）"，实则在讥刺慈禧独揽大权却丧权辱国，以致民不聊生。

4. 回銮路上出"新政"

虽然也曾发生一些令人不快的插曲，但总的来看，慈禧太后能在开封滞留一个多月，心情应该还是不错的。而除了召见大臣、过生日之外，老佛爷在开封期间还大手笔地策划了大清朝最后一波改革浪潮，这便是著名的回銮新政。据《清实录》记载，到开封不久，慈禧就下达了即将推行新政的懿旨：

谕内阁：钦奉慈禧端佑康颐昭豫庄诚寿恭钦献崇熙皇太后懿旨：自经播越，一载于兹。幸赖社稷之灵，还京有日。卧薪尝胆，无时可忘。推积弱所由来，叹振兴之不早。近者特设政务处，集思广益，博采群言，逐渐施行。择西法之善者，不难舍己从人，救中法之弊者，统归实事求是。数月以来，兴革各事，业已降旨饬行。惟其中或条目繁重，须待考求，或事属创举，须加参酌。回銮以后，尤宜分别缓急，锐意图成。兹据政务处大臣荣禄等面奏，变法一事，关系甚重。请申诫谕示天下以朝廷立意坚定，志在必行。并饬政务处随时督催，务使中外同心合力，期于必成。用是特颁懿旨，严加责成。尔中外臣工，须知国势至此，断非苟且补苴，所能挽回厄运。惟有变法自强，为国家安危之命脉，亦即中国民生之转机。予与皇帝为宗庙计，为国民计，舍此更无他策。尔诸臣受恩深重，务当将应行变通兴革诸事，力任其难，破除积习，以期补救时艰。昨据刘坤一、张之洞会奏，整顿中法，仿行西法各条，事多可行。即当按照所陈，随时设法，择要举办。各省疆吏，亦应一律通筹，切实举行。大要不外言归于实，用得其人。予与皇帝宵旰焦劳，母子一心，力图兴复。大小臣工，其各实力奉行，以称予意。将此通谕知之。

或许是对国际国内形势有了清醒的认识，或许是在治国理念上茅塞顿开，反正在那一段时间里，以慈禧为首的流亡朝廷相继出台了一系列改革政策，特别在教育方面更是重拳频出。一时之间，开封俨然成了整个帝国教育改革的中心，一种令人振奋的新气象从这里不断向全国扩散。作为这一幕的现场目击者，陪伴在慈禧驾前的吴永也详细地进行了记录：

十五日，内阁奉上谕，略谓：政务处奏请饬各省速办学堂等语，建学储才，实为当今急务。查袁世凯所奏山东学堂事宜及试办章程，其教规程课，参酌中西，而谆谆于明伦理循理法，尤得成德达材、本末兼赅之道。着政务处即将该署督原奏并单开章程通行各省，立即仿照举办云云。此一道上谕，实为吾国兴学之滥觞，不可谓非学界中一重掌故，亦数典者所当及也。

二十四日，仍驻开封。是日奉谕：明年会试，着展至癸卯举行；顺天乡试，于明年八月间暂借河南贡院举行；河南本省乡试，着于十月举行；次年会试，仍就河南贡院办理。在如此仓皇播越之中，而对于下年之乡、会试，尚复兢兢注意，足见当时视取士之典，尚为郑重，犹有汲汲求贤之遗意也。

二十五日，仍驻开封。是日奉上谕：核定学堂选举奖励章程。学校毕业之有举人进士名目，即始于此。（吴永口述《庚子西狩丛谈》）

面对突然变得如此急切进行改革的老佛爷，许多旁观者难免会感到困惑。是啊，仅仅在三年多以前，这个掌握大清朝实权的女人无情地镇压了

清末贡院

戊戌变法，至今回想起来仍令人心有余悸。不过这种转变看似剧烈，却也不难理解，毕竟庚子事变所引发的灾难和耻辱给慈禧带来的心理冲击更为深刻。其实早在逃难至西安稍稍定下神后，慈禧就于1901年初以光绪皇帝的名义发布了一道变法上谕，内称："世有万古不易之常经，无原封不动之治法。穷变通久，见于大《易》。损益可知，著于《论语》。盖不易者三纲五常，昭然如日星之照世。而可变者令甲令乙，无妨如琴瑟之改弦。……总之，法则不更，锢习不破；欲求抖擞，当议更张。着军机大臣、大学士、六部、九卿、出使各国大臣、各省督抚，各就如今情形。参酌中西要政，举凡朝章国政、吏治民生、学校科举、军政财政，当因当革，当省当并，或取诸人，或求诸己，如何而国势始兴，如何而人才始出，如何而度支始裕，如何而武备始修，各举所知，各举所见，通限两个月，详悉条议以闻。再由朕上禀慈谟，推敲尽善，实在实施。"这就意味着，老佛爷在洋人的枪炮声中彻底清醒了，意识到了改革对于大清朝的必要性和紧迫性。

有了老佛爷的最高指示，此前一度受到压制和排斥的改革派再度活跃

清末新政后，新式教育得到一定发展，图为各地新式学堂里的学生

清末新政中的军事改革也是很重要的举措之一，图为当时的新式军队

起来，包括袁世凯、刘坤一、张之洞等人在内的封疆大吏纷纷上奏建言献策。于是在慈禧的首肯下，朝廷在政治、军事、经济、教育等各个领域相继出台新政策。而当回銮至开封时，有关教育方面的改革突然紧锣密鼓地向前推进。耐人寻味的是，恰恰是借助这次机遇，开封意外地成了最大的受益者。

原来在1900年8月和次年3月八国联军攻入北京之际，正逢传统科举考试的乡试和会试，结果由于战乱的原因均无法照常进行。如今两宫回銮在即，朝廷又准备在教育方面进行改革，除了鼓励新式教育外，也要给全天下被耽误了的旧式读书人一个交代。于是在开封停留期间，经与大臣们商议后，慈禧做出了一项令天下士人欢欣鼓舞的决定：各地耽误的1900年乡试，延期至1902年补行；而1901年被耽误的会试，延期至1903年在河南贡院进行；顺天府乡试暂借河南贡院举行，河南省乡试则错后两个月；1904年的全国会试，仍在河南贡院举行。

消息一经传出，河南省上下无不感念老佛爷的恩德。要知道，放眼一千三百多年的科举史，还从未有过一个省三年连续举办六次考试包括两次会试的先例。后人分析认为，慈禧之所以如此慷慨，很大程度上是因为河南省的接待工作极其出色，沿途百姓也十分热情，因此才获得如此特殊的回馈。而当1904年最后一次全国会试举行之后，清廷便于1905年正式宣布废止科举。开封，无意间扮演了科举制终结地的历史角色。

三 可怜的大阿哥

十月二十日，一条爆炸性的消息迅速由开封传遍全国。当天，慈禧亲口传谕：溥儁着撤去大阿哥名号，立即出宫，加恩赏给入八分公衔俸，毋庸当差云云。这就意味着，此前原本已被当作皇位继承人的溥儁，转眼间就沦落为一名普通的皇族宗室了。闻听噩耗，这位16岁的少年不禁悲从中来，六神无主，一路哭哭啼啼返回京城寻找亲爹亲妈。有关他的遭遇，许多人戏称曰"本是候补皇上，变成了开缺太子"！

可以说，废除溥儁的大阿哥名号，堪称慈禧在回銮途中最令人震惊的举动之一。而在许多旁观者眼中，这也标志着一场宫廷闹剧的匆匆收场。追溯这场闹剧的源头，还得从庚子事变的前一年说起。

那是在镇压了戊戌变法运动之后，慈禧太后便萌生了废黜光绪皇帝的想法。由于当时光绪年仅28岁，又没有皇嗣，慈禧便开始在宗室内物色合适的人选，然后等待时机替换光绪，以便自己继续操控朝政。最终，一个名叫溥儁的孩童进入了她的视野。

爱新觉罗·溥儁（1885—1942年）本是端郡王载漪次子，其母则为慈禧之弟叶桂祥的女儿。从血缘上论，溥儁其实并非与光绪皇帝最近的宗人。他的祖父乃道光帝之子、和硕惇恪亲王奕誴，父亲则是奕誴次子载漪，载漪又过继给瑞郡王奕志为后，袭贝勒，可笑的是在其晋封为瑞郡王时居然因慈禧的笔误错写成了端郡王。打从奕誴那辈儿起，由于对慈禧的所作所为很不感冒，因此他们这一支基本属于靠边站的角色，丝毫比不上恭亲王奕訢和醇亲王奕譞两家风光。不成想，戊戌政变之后风云突变，端郡王载漪和他

曾被立为大阿哥的爱新觉罗·溥儁，
经历了大起大落的一生

端郡王载漪（中），一位野心勃勃的满洲亲贵，被视为引发庚子事变的罪魁祸首

的儿子出人意料地受到了慈禧太后的青睐。

　　原来在 1899 年，为了废掉光绪帝，慈禧便对外宣称其身患重病，并将这一消息告知各国使馆，以便为下一步行动营造声势。却不料各国使馆对光绪患病之说并不相信，英法等国公使甚至推荐西医，试图进宫为光绪诊治，看其是否真如慈禧所言患有重病。面对列强的压力，慈禧暂时未敢对光绪下手。与此同时，一些封疆大吏也不支持废除光绪，上海等地的士绅也联络海外侨民上书朝廷，坚决反对慈禧的图谋。于是，慈禧决定从宗室中挑选合适的人选作为储君，再伺机替代光绪。经过多番考虑，最终选定端郡王载漪之子、年仅 14 岁的溥俊。按理说，即便慈禧非要找人替代光绪，也应该从近支宗室中挑选年轻有为者。在这方面，恭亲王奕䜣之孙溥伟、隐志郡王奕纬之孙溥伦似乎更有资格，可慈禧却偏偏看上了才具平庸的溥俊，很大程度上就是因为对载漪的宠信。

　　尽管其父奕誴一生郁郁不得志，但载漪却凭着自己的投机钻营而备受慈禧信赖。在探知慈禧有图谋废除光绪的想法后，载漪便联合顽固派官员崇绮、徐桐、启秀等，极力鼓动慈禧先立一位大阿哥，再找机会废除光绪帝。

为了自己的政治野心，载漪又极力推荐自己的儿子溥俊为人选，加上其妻乃慈禧的亲侄女，最终果然如愿以偿。1900年1月24日，慈禧召集近支王公贝勒、御前大臣、内务府大臣、南上两书房翰林、部院尚书于仪鸾殿议政，最终以光绪帝"痼疾在躬，艰于诞育"为由，宣布立溥俊为大阿哥，入嗣穆宗同治帝，赏头品顶戴，即日迁出端郡王府，入居阿哥所，由崇绮、徐桐等人照料教导。

遗憾的是，被立为大阿哥的溥俊实际上只不过是个顽劣少年。与乃父一样，他也不喜欢读书，只是如八旗子弟一样，喜欢提笼架鸟、吃喝玩乐。尽管慈禧为他安排了不少学富五车的师傅，但却是对牛弹琴。就连原本对溥俊寄予厚望的崇绮都抱怨说他每日总是与小太监们玩耍，常用泥捏成小人儿，起名李鸿章、奕劻等，再命太监用绳子绑起泥人砍去头颅。至于曾经侍奉在溥俊身边的宫女太监们，也对这位临时大阿哥没有什么好印象。比如慈禧的贴身宫女荣儿后来就回忆说："大阿哥溥俊，提起他来，咳，真没法说他，说他傻吧，不，他绝顶聪明，学谭鑫培、汪大头，一张口，学谁像谁，打武场面，腕子一甩，把单皮打得又爆又脆。对精巧的玩具，能拆能卸能装，手艺十分精巧。说他机灵吧，不，人情上的事他一点儿不通。在宫里，一不如意，就会对着天长嚎，谁哄也不听。"

当然，溥俊的好日子也没有过多久。就在他被立为大阿哥之后半年多，由于洋人坚决反对废掉光绪，加上载漪等人的鼓动，慈禧愤然与列国宣战，并妄图利用义和团达到其驱逐洋人的目的。结果在八国联军的枪炮面前，义和团及清军一败涂地，慈禧不得不仓皇携光绪及大阿哥等出逃。西逃的滋味，对于一个十几岁的孩子而言自然不会好过。直到抵达西安后，他们的日子才稍稍安定下来。而就在此时，面对列强的讨伐，慈禧将庚子事变所有的责任都推到了他人身上。老佛爷旨意一下，庄亲王载勋革除爵位，赐帛自尽；刑部尚书赵舒翘革职，着自尽；礼部尚书启秀、刑部左侍郎徐永煜革职正法；端郡王虽贵为大阿哥生父，也与其弟辅国公载澜一道革爵流放。到这个时候，溥俊或许就应该意识到自己的好日子恐怕要到头了。

终于在慈禧回銮驻留开封期间，已彻底失去利用价值的溥俊被废黜大阿哥的名号，改封为宗室显贵中最低等级的入八分辅国公衔，随即被赶出行宫，就连乘坐轿子的资格也被剥夺，灰溜溜地在两名侍卫的护送下骑马返回京城。从郡王府的普通子弟到大阿哥，再从大阿哥到寻常的入八分公，年仅 17 岁的溥俊在短短一年多的时间里就经历了过山车般的大起大落，实在令人唏嘘万分。

至于溥俊之后的命运，更是一落千丈，到晚年时竟落得坐吃山空，不得不寄人篱下，最终于 1942 年穷困潦倒而死。

四　洋人赫德的大日子

在开封驻跸期间，眼看京城在望，心情颇好的慈禧太后决定对一些有功之臣进行封赏，例如护驾有功的岑春煊、袁世凯，议和有功的李鸿章，迎驾有功的盛宣怀等一干大臣，都得到了为人臣者所能得到的最高荣耀。可是在十一月初一这天，慈禧太后的一道嘉奖令却引起了许多官员的议论，并纷纷对受嘉奖者艳羡不已。关于当天的情形，吴永后来感慨道："是日

罗伯特·赫德，清朝晚期最著名的在华洋人，曾执掌帝国海关总税务司将近半个世纪，获得了旁人难以企及的荣耀

奉上谕：盛宣怀、赫德，均赏加太子少保衔。外人加宫保衔，于此为创典矣。"众所周知，作为古代中国君主制下最为尊贵的官衔之一，太子少保与太子少师、太子少傅并称"三少"，属正二品荣誉头衔。虽说属于虚衔，但却象征着皇权所赐予的最高恩宠之一。通常来讲，只有中央机关的首脑或者地方封疆大吏才有可能获得。而如今，慈禧太后居然将如此尊贵的头衔赐给一位名叫赫德的"外人"，真可谓史无前例！

那么这位名叫赫德的"外人"究系何方神圣？他有什么样的神通和能耐，竟能在异国他乡获得如此的荣耀呢？

罗伯特·赫德（Robert Hart，1835—1911），英国北爱尔兰人。1853年毕业于贝尔法斯特的王后学院，次年来华，先后在宁波、广州的英国领事馆任职。1859年辞去领事馆的职务，开始参加中国海关的工作，1863年正式担任海关总税务司，随即被清朝赏加按察使衔，成为正三品大员。1869年晋升布政使，官阶从二品，1881年被授予头品顶戴，1885年被授予双龙二等第一宝星、花翎，1889年升为正一品并追封三代，1901年加太子少保衔。毫不夸张地讲，从刚来中国时的19岁爱尔兰愣头青，到堂堂的正一品帝国大员，放眼当时整个清朝官场，像赫德这样步步高升的官员可谓凤毛麟角，更何况他还是一个外国人。更令人不可思议的是，作为一名大清王朝的雇员，他不仅仅只是统治海关近半个世纪，其影响力还渗透到王朝的军事、政治、经济、外交以至文化、教育等各个方面。在其事业鼎盛时期，居然能代表清政府在伦敦直接同外国商议条约草案，而每当朝廷要任命封疆大吏时，也要咨询他的意见。令无数高官显贵嫉妒的是，当已退休三年的赫德1911年病死于英国时，慷慨的大清王朝又追授其为太子太保，恩宠可谓极矣。

回顾赫德的发迹史，他之所以能得到清王朝如此的厚爱，其原因是多方面的，不过最重要的无非就是精通汉语、认真敬业、熟悉官场规则以及尊重中国利益，正如恭亲王奕䜣所言："赫德虽系外国人，察其性情，尚属驯顺，语言亦多近礼。"正是由于具备了这些优势，他能在28岁时就在恭亲王、文祥等中央领导人的强力支持下，毫不客气地挤掉自己的顶头上司李泰国，一跃成为中国海关的掌门人，而且连续任职48年。

却说两次鸦片战争之后，随着闭关锁国时代的终结，清王朝与世界各国的进出口贸易也随之激增。然而由于对近代意义上的经济体制缺乏了解，结果在一个四亿人口的大国内，竟很难找出称职的海关管理人员。而与此同时，屡次对外战争失败所需的大量赔款又急需通过海关获得。于是在西方各国的"热情"赞助下，一向保守封闭的大清帝国居然破天荒地大胆引进外国人才，即所谓的"洋员"。正是在这样的背景下，刚刚二十出头的英国小伙赫德走上了历史舞台。在担任海关总税务司一职后，雄心勃勃的北爱尔兰人进一步改进和完善了前辈李泰国创建的新式海关制度。他所执掌的中国海关，采用当时先进的西方行政管理制度，对各地分关实行垂直统一领导，每个环节都有制度保障，严防舞弊。令后人颇为感慨的是，在他的领导下，海关人员以"诚实、高效、热心公众服务"为宗旨。当满清政府的绝大多数部门都呈现出颟顸腐败的局面时，似乎只有洋人赫德领导下的海关做到了廉洁高效。

一个外国人，能够在海关总税务司这把金交椅上一坐就是48年，赫德自然有他的过人之处。按照当时的规定，海关税收除行政管理费用以外，全部如数上交朝廷。而在赫德的领导下，海关总税收不断增加，从1865年的830万两增加到1875年的1200万两，1885年又增加到1450万两，已经占到帝国财政收入的20%。对于这样难得的理财专家，朝野上下几乎一片赞誉。也正是依靠来自海关的稳定收入，财政上捉襟见肘的清王朝得以勉强维持运转。据记载，清政府对海关关税的分配使用是如下安排的：60%的关税分拨给有关各省，用于中央直辖的地方事业，当时的江南制造总局、金陵机器制造局、福州船政局及船政学堂、天津机器局、天津武备学堂、长江口至南京下关等九处炮台，以及后来的京师同文馆、幼童赴美留学等洋务项目，经费均来自海关；余下的40%首先用作对英法两国的赔款，赔款在1866年付清后，该款项就归户部掌管，动用这笔资金必须经特别申请，要得到皇帝的批准。1874年，李鸿章提出每年从这笔款项中拨出400万两作为海防经费，筹建北洋海军，得到批准。新疆局势吃紧以后，清政府又用这笔款项支付左宗棠在西北用兵的军费。左宗棠西征三年总共耗银3722万两，最后全都是靠关税解决的。

尽管已成为大清帝国实际上的"管家婆""财神爷"，但聪明的赫德始终保持着清醒的头脑，他从一开始就非常清楚自己的位置和责任。早在出任总税务司时，赫德就为自己立下了这样的信条："不必用花言巧语，以中国的利益为重是必须遵守的正确原则。"既然自己是清政府聘用的雇员，那就必须以雇主为中心，否则就是越权和失职。在这一信条的指导下，赫德及下属基本都能遵守中国政府的法律规定。清王朝则是这样在史书中给赫德下结论的："赫德久总税务，兼司邮政，颇与闻交涉，号曰客卿，皆能不负所事。"堪称"食其禄者忠其事"的典范。

的确，由于任职期间尽心尽力为清政府服务，赫德甚至在情感上也与这个古老的帝国密不可分了。难能可贵的是，虽然当时大多数西方人都对中国文化心怀不屑，但赫德不但本人精通中文，深谙中国文化民情，甚至鼓励自己的儿子学习中国经史，参加科举考试。而当1885年被英国政府任命为驻华公使时，赫德毫不犹豫就谢绝了。或许正因如此，就连恭亲王奕䜣都私下里称他为"咱们的赫德"。

不过在慈禧眼里，除了杰出的管理才能和对帝国的忠心外，赫德身上最值得赞赏的还是其在大清王朝危难时刻的政治立场。

1900年义和团运动刚开始兴起时，凭着多年的经验和敏锐的嗅觉，赫德就意识到此次风潮将注定引发一场国际灾难。他曾在致友人的一封信中分析道："两千年的经验，虽然把中国人磨练得非常冷静，但如果现在这样下去，我想很可能有一天绝望情绪会以最激怒的方式爆发出来，我们在北京的外国人也许通通会被杀光。每个中国人将说：'如果没有这帮番鬼，我们怎会闹到今天这般地步，在我们自己被毁灭以前，且让他们先尝尝滋味。'"为避免形势恶化，他还曾致电当时已被派往广州任职的李鸿章，希望后者出面劝告慈禧太后设法控制局势："京城局势危险已极，各使馆甚虞被击，均以为中国政府若非仇视外人，即系无力保护，倘稍有不测，或局面无速转机，各国必定并力大举。中国危亡即在旦夕，应请中堂电奏皇太后，务须将各使馆保护万全，并宣明凡有臣工仇视洋人之条陈，朝廷必不为所摇惑。"遗憾的是，赫德的努力并没有得到朝廷的回应，结果就连他本人的住宅都在冲突中被付之一炬。此后，赫德被迫逃入英国使馆避难，并在那里度过了一段极其凶险的日子。虽然整个使馆已被义和团与清军包围，时刻都有丧命的可能，但此时的赫德依然对中国保持着清醒的认识。被围困期间，他用铅笔写成了一篇名为《北京使馆：一次全国性的暴动和国际插曲》的文章，他一反当时大多数西方人对中国的抨击与责骂，冷静地指出："今天的这段插曲不是没有意义的，那是一个要发生变革的世纪的序曲，是远东未来历史的主调：公元 2000 年的中国将大大不同于 1900 年的中国……无论如何，外国人决不可期望永远保持他们的治外法权地位以及中国被迫让与的那种通商条件。……外国的发号施令有一天必须停止，外国有一天必须离开中国，而目前引起注意的这段插曲就是今天对于将来的暗示。"对于某些西方政客要瓜分中国的叫嚣，赫德也坚决予以否定，他认为必须维持清政府的统治，并且竭力利用它，才能最简捷地恢复安宁。

八国联军攻入北京后，从围困中被解救的赫德又积极参与到议和谈判中。鉴于他的表现，正在西逃途中的慈禧太后特地传旨称："知该总税务司目击时艰，力维大局，数十年借材异地。至此具见悃忱，朕心实深嘉慰。现已派庆亲王即日回京，会同该总税务司与各国妥商一切。又寄全权大臣李鸿章谕旨一道，即由该总税务司向各国商借轮船，派员将谕旨赍送上海，俾李鸿章得以迅速来京，会同庆亲王商办事宜。"随后，为了协助奕劻与李鸿章，赫德又凭借个人的影响力劝说列强尽快议和。由于上述表现，赫德还遭到英国媒体特别是《泰晤士报》的严厉批评。在和谈中，赫德虽然也主张清政府必须承认罪行并保证此类事件以后不再发生，但却坚决主张保留慈禧领导下的政府，并留下了许多经典的语录，诸如：

中国人是一个有才智、有教养的种族，冷静、勤劳，有自己的文明，无论语言、思想和感情各方面都是中国式的。人口总数约有四亿，生活在自己的疆域内，在他们所繁衍的国度里有肥沃的土地和众多的江河，有千姿百态的高山和平原、丘陵和溪谷，有各种各样的气候和条件，地面上生产着一个民族所需要的一切，地底下埋藏着从未开发过的无穷的宝藏。这个种族，在经过数千年唯我独尊与闭关自守之后，已经迫于形势和外来者的巨大优势，同世界其余各国发生了条约关系。但是他们认为那是一种耻辱，他们知道从这种关系中得不到好处，所以正在指望有朝一日自己能够十足地强大起来，重新恢复昔日的生活，排除同外国的交往、一切外来的干涉和入侵。用睡眠来形容，这个民族已经酣睡了很久，但现在她已经苏醒，她的每一个成员身上都激荡着一种中国人的情感："中国人是中国的，把外国人赶出去！"

中国将会有很长时期的挣扎，还会做错很多的事情和遭受极大的灾难，但或迟或早，这个国家将会以健康的、强大的、经验老到的姿态呈现于世界，并拥有这个世界强加给它的军事力量。而且，既然它必须拥有，它必将拥有最好的——最好的武器，最适当的训练，最高级的教育，士兵的数量将视人口的允许和情况的需要而定，士兵的质量将会一代胜过一代。

由于赫德的奔走呼吁，一度盛行于西方社会的瓜分中国论很快烟消云散。最终，列强一致同意共同维护中国的现状，并在此基础上与清政府达成和平协议，由此才为慈禧太后的回銮提供了保障。当了解到赫德所付出的努力后，慈禧太后欣然于1901年十一月初一下旨，内称："宗人府丞盛宣怀赞襄和议，保护东南地方；总税务司赫德随同商办和约，颇资赞助。盛宣怀、赫德均赏加太子少保衔，以示奖励。"可以说，给外国人赏加太子少保衔，绝对称得上空前绝后了。

1902 年正月十六日，刚刚过完返回京城后的第一个大年，慈禧太后就在光绪皇帝和庆亲王奕劻的陪同下亲自接见了赫德。据赫德本人回忆，当时老佛爷眼里闪着泪花，或许真对他这个外国人怀有感恩之情。对于这次觐见以及慈禧对待自己的态度，赫德显然是满意的，他在致友人的信中写道："皇太后谈话的声音悦耳和娇柔，对我很恭维。我说很多人早就准备接替我的位子了，但皇太后说，她就是要我。她还谈到英王的加冕典礼，她祝英王陛下万福。"为表达自己的感激之情，老佛爷甚至曾送给赫德小女儿一枚戒指，1904 年 11 月又特地赠予赫德一个如意柄寿字。

　　在其漫长的职业生涯中，除了来自清政府的奖赏外，赫德还获得了许多国家所给的荣誉：瑞典的 VASA 骑士勋章，英国的圣迈克尔和圣乔治十字勋位爵士、从男爵，以及法国、比利时、奥地利、意大利、葡萄牙、荷兰、普鲁士等政府的封赏。然而与这些荣誉相比，赫德可能更加珍视来自大清帝国的奖赏，尤其是 1901 年慈禧太后下旨所封的太子少保衔。

　　著名近代史学者陈旭麓先生曾指出，研究中国近代史当读懂三个人，一个满人、一个汉人和一个洋人——慈禧、李鸿章、赫德，因为"晚清，慈禧在朝内主政 40 余年，李鸿章以封疆大臣辅政 40 余年，赫德以总税务司干政 50 余年，他们互相结纳，构成了那时的政治格局"。

　　历史往往有惊人的巧合，在 1901 年的这次回銮之旅中，上述三人几乎同时亮相。如此看来，陈先生真可谓一语中的。

第三章

告別河南省

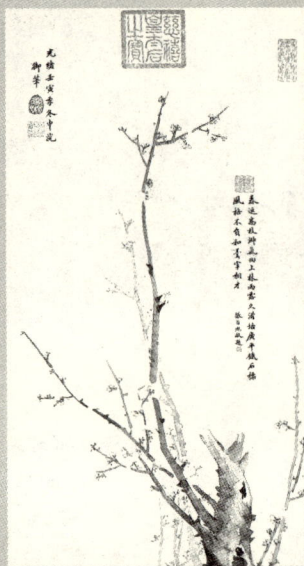

慈禧的画

一 神秘潞王妃

自从十月初二下午抵达河南省城开封以来，慈禧太后一口气在这里停留了一个月有余。如今眼看天气渐冷，黄河也快要结冰，慈禧终于决定北上回京了。恰在此时，十一月初三，"天气忽变，风霾交作"，连老天爷似乎也有意催她赶紧离开，再要不走，老佛爷恐怕就得等到来年开春才能动身了。

十一月初四上午九时许，慈禧太后的銮驾终于从开封行宫启程，继续踏上回京的旅途。听到消息，河南乃至临近各省的大员纷纷聚集在开封城北黄河岸边的柳园渡口来为老佛爷送行。而周边的百姓，则等候在銮驾经过的道路两旁跪送。令人称奇的是，当天上午老佛爷起身时，原本乌云密布的天空突然放晴，霎时变得风和日丽。有关当天隆重而喧闹的场景，看看吴永是如何描述的：

> 十一月初四日，巳刻，两宫圣驾自河南开封行宫启銮。扈送仪节，略如西安；而各省大员多半趋集，或则派员祗候，故人数益多，羽林仪仗，益觉整齐鲜耀。最可喜者，天气忽而开霁，旭日当空，融风四扇，六飞在御，一尘不惊。沿途旌盖飞扬，衣冠肃穆，但闻马蹄车齿，平沙杂沓声，互相应和。出城后，遥望河干，则十里锦城，千军荼火，仿佛如万树桃花，照春齐发。午正，大驾行抵柳园河岸。皇太后、皇上同入

黄幄少憩，旋出幄，设香案炷香奠爵，先祭河神。祭毕撤案，即步行登龙舟。文武官员、绅民父老，一体于河岸俯伏跪送。予与粮台诸员共为一起，均随升中丞跪伏道左，仰见太后面有喜色。两宫上御舟后，随扈官员、宫监兵役，以次登舟；旋于舟次传进御膳。时则天宇澄清，波平如镜。俄而千桡并举，万桨齐飞，绝似元夜鳌山，一团簇锦，徐徐移动，离岸北向。夹道军民，欢呼踊跃，举头延伫，望舟傍北岸，方始一同散队，分途遄返。（吴永口述《庚子西狩丛谈》）

当天下午三点钟左右，慈禧一行乘坐的渡船稳稳当当停靠黄河北岸，一个小时后抵达设于新店的行宫驻跸。平安而顺利地渡过黄河，无疑令老佛爷的心情极其舒畅。要知道，古老的柳园渡口可是开封一带黄河上唯一的渡口。由于这一带河面上经常浪高风急，颇为凶险，因此渡河的人们都提心吊胆。想当年就连见惯了大场面的乾隆爷在1750年南巡途中由此渡过黄河时，也曾担惊受怕，唯恐木船在渡河途中发生事故。好在总算一切平安，为此酷爱作诗的乾隆爷事后还专门写了首题为《渡黄河》的七律，其中就有一句充满庆幸之意的"风平稳过柳园渡"。至于150年后又一位由此渡黄河的大清朝掌门人，慈禧太后当天的经历似乎比乾隆爷还要顺利些。因此在随后几天的时间里，老佛爷念念不忘老天爷的恩赐，以至于在离开开封五天后，她专门下旨答谢神灵并奖赏当天所有工作人员："本月初四日由柳园渡河。天气清明，波平如镜，御舟稳渡，万姓胪欢，实赖河神效灵，自应崇加封号以答神庥，着礼部具拟云云。又谕：河干供差各员，着松寿查明保奖；水手人等，着赏银二千五百两。"可惜的是，如今随着黄河沿岸一座座桥梁的建成，古老的渡口也逐渐荒废终至消失，只留下一个空洞的地名，而那些曾经的往事也早已随着黄河之水流逝在历史的记忆里。

黄河北岸小小的新店村虽然设了一座行宫，但这个地方只不过是官道旁一个寻常的村落，既没有名胜古迹，也没有特产美食，慈禧太后显然不会对其留下任何印象。不过有趣的是，当地的村民却对这一干达官贵人的

柳园黄河渡口。柳园口乃黄河古渡口之一，设于1187年，在开封城北，后因黄河上桥梁的修建而消失。摄于1901年慈禧回銮途中

柳园黄河渡口及王瑞堡。摄于1901年慈禧回銮途中

清末华北农村景象，当年慈禧回銮沿途所经过之地

清末华北农村景象，当年慈禧回銮沿途所经过之地

到来格外重视，并将这段历史演绎成世代相传的民间记忆，于是我们至今仍能在当地的记载中发现有关慈禧回銮的传说故事。据新店村志记载，当年慈禧取道河南回京途中，新店村是御驾必经之地，当时村设两个迎送点跪迎御驾：一处在白土沟南的官道旁，一处在新店老村沟东东门外的官道旁。村里的绅士长老和村民早早就摆上当地又红又大的石榴，等待御驾觐献。当天下午，慈禧的仪仗队伍浩浩荡荡由西而来。只见慈禧及光绪皇帝分乘八驾黄色御轿，轿夫身着红色驾衣，轿前有御前大臣及侍卫并辔而行。再前为大群荷枪带刀的御卫队，并有二十四面黄龙旗开路，两旁有护驾士兵站道。村民早早跪迎道旁，长老何俊昌在御轿经过时，代表村民觐献石榴。慈禧看到又红又大的石榴问："当地石榴生虫否？"何俊昌答曰："不生虫。"慈禧又反问了一句："当地石榴能不生虫？"不料从第二年起，新店村的石榴就年年生虫啦！

显然，新店石榴生虫的故事只不过是当地百姓发泄不满情绪的一种表现。而从当时他们为慈禧回銮所承受的劳役赋税来看，这种不满其来有自。据当时的报纸记载，在慈禧一行离开开封后，下一段路程的准备工作便开始面临考验了，而百姓的正常生活自然大受影响：

> 由河南开封到北京，一路上修造跸路桥梁的小工有上万之多，凡是有河港处，必要搭桥梁三座。跸路旁边，更添造小路两条。行在各位大官，恐怕有人要在路上谋杀皇太后，特地格外谨慎小心，防范甚严。由开封到北京，一路都派人看守。如有人走道跸路，须要呈验执照，看是什么人，办什么事。若没有执照，便不准在跸路上行走。（《杭州白话报》，1901 年第 18 期）

十一月初五，慈禧一行由新店抵达卫辉府所属的延津，此后两天都在延津县行宫驻跸。据延津县地方志记载，延津县知县接到两宫将在此驻跸的通知后，即在县衙后边新盖了一栋仿皇宫式的"行宫"。房为五间，砖木结构，东西长 16.5 米，南北宽 9.27 米，面积 153 平方米，坐北向南，前出厦，木条亮窗，房高 3.5 米，方椽、巴砖，顶覆蓝瓦，屋脊砖有图案花纹，两螭东西遥对，雄姿勃然。当天，光绪、慈禧分乘八抬大轿抵达延津驻跸。据说当晚用膳时，地方官专程敬献了当地特产延津菠菜，老佛爷品尝后连连夸赞，并钦定其为贡品。十一月初七日上午，慈禧的銮驾启程继续向北进发。老佛爷闻听延津人善，便开恩允许撩起轿帘让沿途百姓跪瞻，凡头顶托盘敬献果品者，赏银牌一枚以作留念。另据民间传说，老佛爷离开延津后，途中路经董家岭一座始建于唐代的玉皇庙，便下轿进庙烧香叩头，祈祷玉皇大帝保佑自己一路顺风返回北京。

离开延津，前面便是著名的卫辉府所在地汲县了。汲县是个小地方，但为了迎接慈禧一行的到来，当地官员几乎是倾尽所能以赢得老佛爷的欢心。根据巡抚松寿大人的指示，卫辉知府于沧澜提前许多天就下令沿途必

卫辉府城楼。卫辉府城建于明代万历年间，与彰德、怀庆同为豫北三府之一，其城墙从明代直到民国都是河南省保存最完整者。摄于 1901 年慈禧回銮途中

须开辟三丈六尺宽的御道，并于道旁每隔十步设一水缸，缸面粉饰彩绘龙云形象，内贮清水。御道上不仅要黄土垫地，并须洒以清水，表示龙不行干道之意。御道的开辟，南从与延津县交界的王福寺起，北至与淇县交界的小双村以北，道路修得平坦开阔，并征集民间大车数百辆，以供运输之需。接着，于知府又会同汲县知事谢蓄刚一道负责筹办支应一切。首先成立支应局，抽调一批专人照料，如县署兵房常办兵差的杨芝，漕粮房司账傅士荣，盐务局有运输经验且长于书法的武骏卿，均系支应局的工作人员。为了能使老佛爷住得舒适，地方官利用卫辉府署衙加以改建作为临时大行宫，并尽量按照北京皇宫样式进行修葺，首先将层层的门，均改辟为一排五个，内设宫室，雕梁画栋，油漆一新，各门悬灯结彩。各种盆景及冬季花草，均由远道运来，以资点缀。室内陈设力求富丽堂皇，楠木桌椅，名人字画，黄绫床帐，黄缎被褥，甚至便盆也用红缎包装。为保证回銮队伍吃得好，一切陈设及厨房食品应有尽有。城内专设大厨房一处，集中全县知名厨师，从中选拔手艺精湛者数名，模仿御膳房的制法，研究试验所谓"吃一看二眼观三"满、汉席中一百二十八样菜肴的味道火色。派专人到外地购来猴头、燕窝、鹿茸、银耳、虾、蟹等山珍海味，以及美酒名茶，附带购置名贵瓷器用具等等。对于衣、食、住、行各方面的准备，均经知府于沧澜亲自检验，以免届时发生差错。

十一月初七下午，慈禧銮驾抵达卫辉府治汲县城。先由一太监乘马前导，负责检验道路，督促洒水，并指示群众跪列道旁相迎。接着就是本省武装部队和直隶提督宋庆所率骑兵。随后有龙旗向日飘摇，御前大臣、侍卫并辔而行。在满朝銮驾和香烟缭绕的一对檀香炉之后，出现慈禧、光绪所乘的八抬黄缎亮轿，并系黄绒丝绳，八人拉纤，舆夫均穿红绸上衣，执事人等均穿黄马褂，轿旁有侍从宦官乘马并行。并有副舆若干，为嫔妃等所乘。其后才是侍从骑兵，最后为行李车辆，耀武扬威，声势浩大。卫辉知府、参将以及汲县知县均跪于道旁迎驾，经老佛爷问话后，又回城南王福寺二次跪道迎驾。待两宫进城后，这些地方官员提前赶回行宫门前再行

卫辉府古迹望京楼。摄于 1901 年慈禧回銮途中

卫辉府古迹潞王妃梳妆楼。摄于 1901 年慈禧回銮途中

卫辉府。摄于 1901 年慈禧回銮途中

卫辉府北门外桥。摄于 1901 年慈禧回銮途中

卫辉府北门外桥。摄于 1901 年慈禧回銮途中

卫辉府。摄于 1901 年慈禧回銮途中

清末卫辉府附近乡民

清末卫辉府附近道路

迎驾。折腾几番后，好不容易等到老佛爷一行在行宫用膳安歇，知府于沧澜和知县谢蓄刚还必须留在行宫守候至半夜，以备老佛爷随时召见。

据当地文献记载，回銮队伍仅在汲县驻跸一天，就花费了17万两白银。单说吃吧，"除供给太后和皇帝满汉席之外，还分上中下三等酒席，不限人数，凭支应局条据，厨房按等第供给，有的不吃酒席而让折价的，甚至还有折价后，再吃酒席的。以致杯盘狼藉，酒肉随地抛弃，挥霍浪费，笔墨难以形容"。

作为豫北著名的重镇，卫辉府堪称历史悠久，人文遗迹颇多，仅在古城内就有潞王陵、梳妆台、望京楼、比干庙等著名景点。

潞王陵的主人乃明神宗万历帝朱翊钧的胞弟潞简王朱翊镠，被分封于卫辉。据记载，这位潞简王与许多明代王爷一样，在地方上常年祸害百姓。不过此人却有一位贤惠的次妃赵氏，因其宽待百姓而备受敬仰。传说赵氏自幼父母双亡，后被送入皇宫，在万历皇帝之母李太后身边当贴身宫女。几年后，当李太后的儿子朱翊镠到卫辉藩国就任潞王时，赵氏因其品行端正、聪慧大度，被太后选为潞王的侍妾。对于这位皇太后安排给自己的侍妾，潞王倒也敬爱有加。传说后来潞王因思念母后，便强令当地百姓昼夜施工修建一座望京楼，以供自己能登高望见京城的母亲。为了免除百姓们的辛劳和负担，心急如焚的赵氏想出一招妙计：她事先安排手下人在10里外修建一座类似皇宫的小房子，并于同一时间坐在房中梳头，由于距离远，潞王又思母心切，当他登上新修的望京楼时就误认为看到了母亲，从而中止了一再加高望京楼的命令。因感于赵氏的贤德，当她去世后，悲痛不已的潞王上书朝廷请求封其为妃。最终，深受感动的万历皇帝打破陈规，破例下旨追封赵氏为潞王次妃。于是在潞王死后，卫辉便有了潞王陵、次妃墓，并留下了很多故事传说的梳妆台和望京楼等遗迹。

虽然从开封出发后，归心似箭的慈禧下令加快脚步，不再专门安排时间游山玩水，但也顺路光临了所路经的一些名胜古迹。虽然我们无法考证老佛爷当年是否去望京楼、梳妆台凭吊过那位贤德的潞王妃，但她应该是去了紧邻官道的比干庙，因为那里至今仍保留着她和光绪皇帝分别题写的匾额："取义成仁""丹心千古"。

比干庙是坐落于卫辉的庙墓合一的古建筑群，里面的比干墓号称是中国第一座有记载的坟丘式墓葬。传说比干是商纣王的叔父，因对纣王的暴虐统治不满，多次谏阻无果后愤然以死相谏，死后即葬在卫辉，至北魏孝文帝时又在此建庙。

值得关注的是，从当年拍摄的照片中可以看到，慈禧回銮路经卫辉府时，这里的城墙仍保存得十分完好。城虽然不大，但从远处望去，却也有一番庄重肃穆之气。据史料记载，从明代一直到民国，卫辉府都拥有河南省境内保存最完整的城墙。据《卫辉市志》记载："卫辉城最早建于东魏。明神宗万历十三年（1585年）因在旧城东部建潞王府，旧城向南扩展，周长增加732丈，共8里30步。新建东门，名曰宾阳，南门称迎薰，西门称眺行，北门称拱极。四座门楼，高耸壮丽，各有月城（瓮城），城墙上有敌台、角楼警铺30所。"令人遗憾的是，20世纪下半叶，如同其他许多古城一样，这里的城墙也逐步被拆除。

二　先贤故里

十一月初八，慈禧太后銮驾由卫辉启程，北行50里至淇县驻跸。淇县这地方虽然也算得上历史悠久，但也没有什么值得浏览的景致，因此老佛爷待了一个晚上便离开了。不过有趣的是，眼看回銮大军就要离开河南地界了，当地史志似乎对老佛爷有些依依不舍，因此非要在这里增加一个插曲。据说到了淇县后，慈禧太后在用膳时突然怀念起在开封曾吃过的名厨陈永祥的拿手菜来，事有巧合，陈永祥就是淇县人并在这里开店营业。于是旨意一下，陈师傅赶紧奔赴行宫为其服务，当天晚上特意为老佛爷做了一道河南名菜"烧臆子"。这道菜传说起源于北宋时期，系用炭火烤制猪胸叉烧肉而成，做工精细，用料讲究，味道独特。果然老佛爷品尝后非常满意，当即专门召见了陈师傅予以重赏。

第二天銮驾启程，在行至淇县东北高村的临时行宫休息时，据说兴味盎然的光绪皇帝还专门为当地题写了"风水宝地"四个大字，后被刻成石碑一直留存至今。这高村虽然听起来不起眼，可当年却是南北官道上久负盛名的一个村寨。该村古称淇水关，地处太行山麓，淇河之畔，水系发达，在整个华北地区都极为罕见。据历史记载，古时候村内曾有造型各异的大小石桥几十座。特别是村东头的淇河古石桥，相传最早建于3000年前的殷商时期，此后屡毁屡修保存至今，千百年来都是连接南北官道的要冲。淇河古石桥原名太平桥，由东桥、西桥、马鞍桥组成，全长360米，宽5.15米，全部由青石建成。1901年回銮途中，慈禧太后一行正是通过此桥继续北上的。透过照片我们可以看出，石桥当时应该略经修葺，因而看起来状态还算完好。

淇县行宫。摄于1901年慈禧回銮途中

十一月初九下午，慈禧由淇县北行50里抵达千年古镇宜沟驻跸。宜沟自古以来就是南北官道上著名的驿站，因此又称宜沟驿。宜沟原本在行政上隶属浚县，雍正年间改隶汤阴县。由于它是此次两宫回銮途中一个较大的驻跸地，因此当地官员很早就忙碌起来，而百姓自然也跟着被折腾了一回。在宜沟地方志中，有专门一节是记述慈禧太后回銮情形的，其中写道，为了搞好接待工作，汤阴地方官花费五个月时间，动用了大量财力和人力，在城南修建了一处行宫，行宫为宫殿式建筑，规模宏大、富丽堂皇。清朝灭亡后，此处行宫也随之废弃，至民国时被改建为学校。由于宜沟镇原先的驿道地势低洼，为避不吉，地方官又不惜毁坏百姓大量麦田，从方圆十里村庄征调大量民夫，在原驿道以东200米处另修了一条长达十余里、宽10米的御路，历时一个多月才完成。至于修建行宫和新御路的费用，则均向农户和商贩摊派。銮驾抵达前三天，打前站的御林军就抵达宜沟，但见

淇水古桥。摄于1901年慈禧回銮途中

人山人海，所有官军都骑马带刀，身着朝服、黄缎马褂、前后补服、马蹄袖，脚上穿靴，头戴高帽，系满洲人打扮。为准备銮驾的到来，当地单厨师就雇用了30余人，他们各司专职，做鱼的专管做鱼，做鸡的专管做鸡，羊肉、海味等各有专人负责；预备的酒席饭菜也极其丰盛，满汉全席，吃什么端什么，吃不吃都得预备着，极尽奢侈浪费。皇帝御膳用象牙筷子，所用碟、盏也都是江西名瓷。

为了一睹皇帝与太后的尊容，方圆100多里的百姓都纷纷赶来宜沟，有的人甚至大半夜就爬起来聚集在御路旁等候。十一月初九一大早，銮驾才从淇县行宫起身，宜沟这边的地方官就催促驿道两旁村庄的老百姓到御路上迎接圣驾。镇上的老百姓则到南关外御路集合，一字排开，全都跪下，每人手里都点香一支，等候圣驾光临。人们一直跪到中午，还不见皇帝的影子。直到下午后半晌，百姓正跪得难受时，突然听有人高声喊道："圣驾

宜沟驿泰山庙。明清时期河南境内曾建有不少泰山庙，几乎各府州及下属各县均有与东岳相关的庙宇，此为其中之一

到！"官吏连忙让老百姓跪好接驾。不一会儿，就过来了大队人马。前面是骑马的，接着是步行的，队伍横竖排列整齐，有的方队全都带刀，有的方队一律扛枪。不多时，中间开始过轿。每顶轿由八人抬着，轿衣全是黄色的龙凤锦绢，光彩夺目。轿两边骑马的、步行的，一个挨着一个，酷似两堵人墙。这时大家只顾觅瞻圣颜，一饱眼福，也忘记了膝疼和饥渴。一行大轿到南关城门外，停了下来，光绪皇帝和慈禧太后下轿与迎接的官员见面。皇帝穿的是黄锦满洲服，太后身穿锦绣旗袍，大脚，头发梳的是横担一架梁。跪在最前面的全是地方官吏、名士、富绅，老百姓手执一支香跪在路两旁，地方官吏与光绪皇帝见面、问安后，就引皇帝、太后一行人进入行宫。

也许是为了隆重宣传当地的特产，宜沟地方志还对慈禧太后一行品尝当地美食的环节大书特书：

晚上，光绪皇帝和太后下榻行宫，晚饭和第二天早饭都是在行宫用的。皇帝吃饭可讲究啦，单说厨师就有三百多人，除随身带的厨师外，还有当地名师，各司专职，满席、汉席，吃什么，上什么，酒饭极其丰盛，所用餐具全系江西名瓷，用的是象牙筷子，皇帝吃饭不叫吃饭，叫"用膳"。盛席间皇帝提出要品尝当地风味，管事的事先就有所准备，随即让宜沟"又一村"名厨郝清泉为皇帝和太后做了宜沟名吃"三不粘"，并又献上了"福兴源"的名酒双头黄，让其品尝。厨师郝清泉为讨龙颜欢喜，想为皇帝做一道汤，做什么汤好呢？这时，他到行宫外净手，看到行宫后墙根处几棵扫帚苗，灵机一动，顺手拔下，拿到厨房将下嫩叶，洗净切成了细丝，裹以鸡蛋面汁，用油煎，配以调料，制成清汤，皇帝尝后说："味道鲜美，真乃好喝也，这是什么汤？"侍者宣来郝清泉，郝叩头说："不敢说好喝，万岁千里迢迢来到宜沟，一点犬马之劳，这叫龙须汤。"皇帝十分兴奋，刚要说赏，坐在旁边的慈禧太后突然说道："你给皇帝做了龙须汤，给我做什么汤呢？"这一下难住了郝清泉，顿时恐慌。地方官也吓呆了，傻愣愣地看着郝清泉，因都知道太后的厉害，怕得罪太后惹来杀身之祸。郝清泉紧锁眉头回到厨房，忽然他看到御厨从南边带来的黄瓜，心里"咯噔"一下，好像石头落地，连忙抓起几根，用刀猛拍成片，切成鸟尾形状，加蛋黄油炸，酱油上色，配以调料，制成一汤送上，慈禧太后品尝后，脸上现出笑容，问道："这是什么汤？"郝叩头答道："禀太后，此汤叫凤尾汤。"慈禧满意地点了点头，说："你这个奴才挺乖的。"皇帝看到老佛爷高兴，当即赐给郝清泉四品黄马褂一件，文银一百两，郝清泉叩头喊到，谢主龙恩退下。大臣们见太后和皇帝高兴，也频频敬酒，盛席间，皇帝诗兴大发，连声赞道"菜好、汤好、酒更好"，随即挥毫赋诗一首："邺南黄五浆，包饱味美香。佳酒酿独特，朕口尝无双。"众大臣齐声称赞："好诗！好诗！"从此，宜沟特产三不粘、龙须汤、凤尾汤、双头黄名声大振，过往官员、使者、客商无不品尝双头黄，也多次进贡朝廷。郝清泉为光绪皇帝和太后制作龙须汤、凤尾汤一事至今传为佳话。(《汤阴风物民俗志》)

实际上据当地民间传说，慈禧太后当年在宜沟还对一样民间小吃留下了美好印象，那就是著名的手工空心挂面。据说在尝了宜沟当地小吃手工挂面后，老佛爷十分满意，连连称赞。从此宜沟手工挂面名声大振，并成为朝廷贡品。更有官方记载称，三年后，宜沟手工挂面还被政府选中参加了在美国旧金山举办的巴拿马世博会。

就在慈禧驻跸宜沟时，不知她是否注意到紧邻其行宫的一处圣人遗迹——子贡祠。众所周知，子贡姓端木名赐，是孔圣人最著名的弟子及门下七十二贤之一。据记载，子贡乃卫国黎（即浚县）人，唐玄宗时被追封为"黎侯"，北宋真宗时又被追封为"黎阳公"，后改称"黎公"，身故后归葬故里浚县，其墓在大伾山东南东张庄村西北隅，宋徽宗敕建专祠于浮丘山。不过到明代时，朝廷又先后在浚县城东南及宜沟镇为子贡修建专祠。那么，子贡既家居浚县，后人为何又在汤阴的宜沟镇建祠堂呢？原来在清雍正之前，宜沟南镇即属浚县管辖，所以也不算越界。更重要的是，古代向有"官不入民家"之礼俗，如果要去浚县大伾山祭拜子贡，南来北往的文武百官就很不方便。因此到明万历年间，子贡后人就在宜沟的官道旁修建了子贡祠，以供官民祭拜，祠内供奉有子贡塑像。该子贡祠地处宜沟南门外铜佛寺左前方，驿路西侧，大门有联云："性道在文章，深造自得；廉平称治绩，遗爱无穷。"另有一牌坊立于大道，题曰"子贡故里"，也就是我们在当年照片中看到的。值得一提的是，据官方史书记载，康熙四十二年（1703 年）十二月初七日，康熙帝西巡回京路经宜沟镇时，还曾亲自拜谒了子贡祠，并召见了子贡后人端木谦。端木谦在宜沟陪同康熙帝拜谒了先祖，并乘机跪拜乞求御书匾字。康熙帝玄烨当场答应，在到达彰德行宫后即亲笔御书"贤哲遗庥"四字赐给子贡祠悬挂。联想到大清朝自立国以来就对孔圣人颇为尊崇，并且康熙爷也曾亲临子贡祠祭拜先贤，还题字留念，且

宜沟驿古迹子贡祠碑。据地方志记载，子贡祠曾于 1875 年重修，祠西街旁立碑一通，上书"先贤子贡故里"。可惜该古迹 20 世纪中叶被拆除，这通石碑也被废弃。1901 年摄于慈禧回銮途中

有慈禧回銮途中打前站人员所摄照片留存，因此正常情况下，在宜沟驻跸的老佛爷应该有这项行程安排。

三　何处觅良将

十一月初十上午，慈禧从宜沟驿启銮，下午抵达彰德府治安阳驻跸，并传旨要在这里多住一晚。

从宜沟北行 20 余里，便是著名的汤阴县城，而由汤阴至安阳，大约 40 余里的路程。关于当天慈禧一行在这段路程中的具体安排，史书并没有详细记载。不过我们通过当年留下来的两张武穆祠的照片大致可以推测，慈禧太后应该在汤阴短暂停留了一番，毕竟她二十年前还曾为武穆祠赐下过墨宝。

当年，汤阴县隶属于彰德府，也算是豫北地区久负盛名的千年古县了。除了因为是民族英雄岳飞的故里而建有武穆祠外，其县境内还有奎光阁、文王庙、禹碑等古迹名胜。1750 年时，喜好游山玩水的乾隆爷曾途经汤阴，参观了武穆祠及文王庙，并分别留下《经武穆祠》《古风》两首诗，当地官员将其刻碑留存。

奎光阁因位于汤阴县城东南的古城墙上，当年应该是被老佛爷第一眼看到的。据汤阴县志记载，奎光阁修建于明天启年间，清道光十七年重修。这是一座砖石结构的楼阁式建筑，高达 22 米，又地处城墙之上，因此从顶层可览全城风光。文王庙地处县城北八里处，即著名的羑里城遗迹。传说当年商纣王将西伯侯姬昌（即后来的周文王）囚禁于此，后者则在这里推演出周易，是为"文王拘而演周易"的典故。如今的羑里城遗址为一片高出地面的巨型土台，文王庙即在其上，现存建筑有演易坊、山门、周文王演易台、古殿基址等。在文王庙东侧，有一座巨大的石碑，即神秘莫测的复刻禹碑。禹碑又称岣嵝碑、禹王碑，相传为大禹治水时所立，母碑在湖南衡阳岣嵝。碑文分 9 行共 77 个字，文字如蝌蚪，既不同于甲骨和钟鼎文，也不同于籀文，文字奇诡，具体内容至今仍存争议。

不过，路经汤阴县城，假如不到武穆祠拜谒，恐怕就是白白"到此一游"了。众所周知，岳飞向来被中国人视为民族英雄和精忠报国的象征，历朝历代备受景仰。全国很多地方建有岳飞庙奉祀这位民族英雄，而其中最重要的当属岳飞的家乡汤阴的武穆祠了。武穆祠又称"宋岳忠武王庙"，位于汤阴县城内西南隅，始建于明代，后多次扩建。值得一提的是，在正殿上方排列着五块匾额："乃武乃文""故乡俎豆""忠灵未泯""百战神威""乾坤正气"，其中"百战神威"与"忠灵未泯"两匾正是回銮途中光绪皇帝和慈禧太后所题。

当天晚上，慈禧一行抵达安阳驻跸。在这座千年古都，老佛爷意外地同一户民家发生了联系。据说在抵达安阳后，身为随扈大臣的马吉樟特意

汤阴县武穆祠。1901年摄于慈禧回銮途中

汤阴县武穆祠。1901 年摄于慈禧回銮途中

汤阴县武穆祠。1901 年摄于慈禧回銮途中

恳请老佛爷前往其私家庄园一游，竟获首肯，从此马氏庄园名声大振。马吉樟时任日讲起居注官，属于天子近臣。而老佛爷之所以破例开恩前往马吉樟家一游，其实主要是看在其父马丕瑶的面子上。

马丕瑶（1831—1895 年），安阳西蒋村人，同治元年进士，清末名臣，赐头品顶戴，历任山西、贵州、广西、广东等省地方长官。他为官 30 多年间，因勤政务实、忠心爱民、政绩卓著而颇受百姓爱戴和朝廷信赖。1894 年，马丕瑶曾两次受到慈禧太后和光绪皇帝的召见。慈禧为庆贺自己的六十大寿，特意将御笔亲书"寿""福"二字及如意、蟒袍、尺头等赏赐给马丕瑶。马丕瑶去世后，追封"光禄大夫""威武将军"。其长子马吉森（1857—1912 年），封翰林院待诏，后投身实业，颇有成就；次子马吉樟（1859—1931 年），进士出身，历任要职，民国时曾任袁世凯总统府内史、总统府秘书等职。马氏家族人丁兴旺，显宦辈出，主人马丕瑶从光绪年间便着手在老家营建庄园。经过 50 余年的不断修建，终于形成被誉为"中原第一宅"的马氏庄园。该庄园规模颇为宏大，总建筑面积达 10 万平方米，与此前老佛爷曾路经的康百万庄园相比更有一番气势。据马氏家族记载，当年老佛爷驾临庄园后，即下榻于第三进院落正房马丕瑶之母杨氏的居室。

尽管老佛爷驾临大臣私家庄园的故事听起来很美，但我们必须搞清楚的是，按照中国古代所谓"官不入民家"的制度，慈禧太后当年肯定不会住宿于马氏庄园，就连是否曾驾临这里参观都存有疑问。实际上，根据后来马氏家族后人的追述，关于慈禧在这里的具体停留时间都与官方记载前后矛盾。

如果结合对地方志的考证，当年慈禧在安阳确切的下榻之地应该在城内西华门街的文昌阁。该文昌阁始建于道光年间，原建筑规模宏大、富丽堂皇，有四进院落，想必当年为接待老佛爷又专门进行了修葺和装饰，而后来当地人也确实一直称此文昌阁为慈禧行宫。由于当年在安阳城多住了一夜，慈禧应该还去了行宫附近的一处古迹——韩魏公祠。韩魏公祠又称韩王庙，位于安阳城内东南营街，始建于北宋熙宁年间，是当地百姓为纪念宋代名臣韩琦而建。韩琦（1008—1075 年），字稚圭，安阳人，曾官陕西安抚使，与范仲淹一起在西北抵御西夏多年，后几度出任宰相。到韩魏公祠凭吊这位宋代名臣时，慈禧和光绪分别题写了"器博道闳"和"适时济物"两块匾额以表敬意。

第四章

北京在招手

慈禧的画

一　如梦过邯郸

十一月十二日，慈禧太后的銮驾告别彰德府，再往北，便出了河南省地界进入直隶省。这也就意味着到北京城指日可待了，想到这一点，老佛爷的心情不免有些急切。当天，回銮大军抵达磁州驻跸。一时之间，这座小小的府城顿时变得喧闹起来。

由于磁州是进直隶的第一站，因此上自总督，下至知州，无不小心谨慎地准备迎驾，总希望给老佛爷留下良好的第一印象。而伺候好老佛爷，便成了新任直隶总督袁世凯的头等大事。其实早在老佛爷从西安启程踏上回銮之旅时，沿途各省的准备工作就开始了。当时，担任直隶总督的是德高望重的李鸿章。尽管那一段时间李中堂国事缠身，重任在肩，但仍花费很大心思提前安排迎驾工作。慈禧回銮引发很大的骚动，在民间也是一片批评之声，天津的一份报纸（外国人办的）就毫不顾忌地讽刺道：

宰相李鸿章向各省借银六十八万两，做两宫回銮、直隶省办皇差的费用。如同修理跸路，装饰行宫，挂灯结彩，铺陈摆设，都是没有益处的事。去年联军进京，两宫急忙逃出，那时并未花费一文。现在和议已成，回到北京，偏要做出这等繁华世界的景象，丝毫没有羞耻之心，岂不被外国人笑话。若是拿这一注银子用在有益地方，如同开学堂等类，便是耗费多些，我们外国人也不敢有一句说话。现在一味刮削百姓，做无益的花费，国里水荒旱荒，偏要求外国人拿钱替中国人赈饥。真是无耻之极了。（转引自《回銮纪事》，《杭州白话报》，1901 年第 18 期）

当然，像这种刺耳的大逆不道言论是不可能传到老佛爷耳中的，否则老太太的肺都要气炸了。就在老佛爷踏入直隶省地界两个月前，原本在山东担任巡抚的袁世凯刚刚被朝廷实授为直隶总督，以接替去世的李鸿章。混迹官场多年，老练的袁世凯深知，要想保住自己的顶子并在今后顺风顺水，当务之急就是讨得老佛爷的欢心。为此，在得知老佛爷的回銮计划后，袁世凯早早就吩咐老部下、直隶布政司周馥参照河南省的成功经验拟定办理皇差章程，并专门设立了相应的机构全盘调度。纵观当年直隶省的"大差章程"，其内容基本与河南省没有太大差别：

> 此次务本责成州县，因事务纷繁，故多派委员辅之，每站一分局，以一员为局总，会同州县商定主意，庶事有归束；余则办理文案，收发

袁世凯（1859—1916 年）是近代史上最受争议的人物之一。袁世凯早年发迹于朝鲜，归国后在天津小站训练新军。清末新政期间积极推动近代化改革。辛亥革命期间逼清帝溥仪退位，以和平的方式推翻清朝，成为中华民国大总统。1915 年 12 月袁世凯导演出"称帝"的闹剧，受到各方反对，次年去世。袁世凯被认为是近代史上一位"治世之能臣，乱世之奸雄"的曹操型的人物

银钱，经理账目，管理米面麸料柴草各厂，并平粜局，以及一切支应杂务，宜各分任其事，均由州县与局总分派，以免推诿。宿站派正佐十二员，尖站派正佐十员，茶站派正佐四员。如尚不敷差遣，继以司事，亦准由州县酌量添派员司；惟不得任意徇情滥派，以糜经费。

各站行宫内木器、铺垫、陈设、字画、灯彩，一切已派马丞庆麟承办；御膳房以及王公大臣扈驾人等各公馆酒席点心，已派王令华清承办。惟行宫内外，必须多备水缸；御用之水，并须用细白布过净，用黄布封固备用。

公馆须备大小五十六处。须速备妥修理，糊裱粉饰妥当。应用桌椅、几、板凳、木床，或借或赁，实在不敷，只得新做，以免临时短缺。门口只用宫灯彩布，不贴对子；用木板书名何人公馆，临时派人迎导。

每站应设米面、麸料、柴草、煤炭厂，各一处，或数处，因扈驾人众以万数计，车马甚多，其时天气亦冷，米面麸料柴草煤火，必须先为购存，宁多毋缺。差竣有余，仍可量减价值，变卖归公。各厂均须派员司家人差夫妥为经理，预定支发规条，以免临时忙乱，致启事端；尤宜严防抢取。并于磁州首站，先于差未到境之时，派员赴上站，按照传单支发米面麸料柴草数目，填给印票，到站凭票赴厂领取，由厂盖用领讫戳记，以凭稽考。又令铺家多备蒸面饼，以备随差人等，不给米面饮食者，自行买食。

设平粜局一处，专备扈驾官兵购买，其价照时值核减二成，出示晓谕；所减之价，由差局津贴。如非扈驾之人，不得假冒购买。

八抬四抬各轿，共十余乘，均由汴省制备，轿夫二百数十名，牵夫一百数十名，亦已商妥接扈豫省原夫，联站抬送，以资熟手。并已派弁十二员前往带领。惟须将停放轿，并轿纤夫住宿处所，妥为预备。

御用行李，统名黄卷，随行不离，以及衣饰等箱，皆不宜以车骡运载，豫省仿南式编成小轿式样，已向豫省如数借给，联站应用；其抬夫仍由各站预备，数约二百名，并派能事家丁督率，随时约束。

车马厂约有车二千余辆，马千余匹，必须择地，宽为搭盖，以免露处，所有槽道，以及马号，一切应用之物，亦须逐一备齐，不可短缺；并预备芝麻小米，以备支发。

御骡马圈，应另预备押马大臣两位，应备公馆两处，与骡马圈相近，前已专札饬遵，应行照办。

每宿站约计应备干草二十万斤，麸五百石，尖站减半；劈柴每宿站应备二十万斤，尖站减半。木炭每宿站应备十二万斤，尖站三四万斤，茶尖一万斤；务须该印委先期照数购备，有盈无绌，以免临时掣肘。此数专备御前及王公大臣扈驾人等之用；至兵勇所需，应另多备，不在此数。

各宿站，应预备乳牛十数只，以供乳食之用；应如何格外喂养，方能有乳可取，前已专札饬遵，应即照办。尖站不用。

经过地方，每一站呈进散图一份，将境内古迹名胜之区，绘图贴说，并由地方官各归各境，考核明确，缮折汇交迎迓大臣，以备顾问。

凡巡幸所经，事务殷繁，工匠人等，宜择要备用，凡大小木匠，泥、瓦、铜、铁匠，洋铁匠，油漆、刻字匠，刷印，缝工，染工，扎彩工，皆须选择能干者，由首站磁州酌备数名委员，督率随差至正定，不许擅离，以备随时应用。

每站需用家人差夫，由印委就地商募。委员各自带有家人，亦可随同当差，与差夫一律酌给工食，每名月给银六两。局中用差夫六名，米面各厂，每厂用差夫四名。至办差公馆，约备五六十处，门口各贴某公馆字样。每公馆看事物繁简，派听差家人一二名，差夫二三四名不等；公馆门内，粘贴听差人夫姓名，以便查考。必须用本地人。凡差夫一律穿号坎，并带腰牌，其号坎腰牌，由总局发给；若无号坎腰牌者，不得出入，以防闲杂人等，混迹偷盗。再每站由地方官派巡勇多名，头戴大帽，身穿号褂，周围巡查弹压。如有百姓近前围看，拥挤喧哗者，由巡勇善为禁止，不得借端滋事。

公馆应用铺垫、门帘、茶碗、茶托、酒壶、烛台、字画等物，均由总局置发；惟使数六处之用，尚须轮流转运，该员备车经理。其余水缸及粗笨等物，难以远运，至零星器物，亦难逐一周备；均由各站印委商酌，或借，或赁，或做，皆须赶速备办，勿使遗漏，且宁多勿少。

大米，总局现已购备一千五百包，当站各州县，如有无米可买之处，并所买之米不合应用，可备文至总局请领。

油布已由总局购备二千块，发交磁州首站，随差运送，以便遇雨随时可用。

沿途有跪迎之耆民人等，仰邀恩赏，应需银牌银锭，由总局发给各站备用。

应进呈贡物，直隶拟配土产八色，已由总局预备进呈。

此次差务支应既繁，事同创始，恭备一切，虽有豫省照陕章程，其间多酌计之数，且恐临差，尚有更改。前有孙道台并谢令等先行探报，现又派员六人，家人十名赴汴省各站，将临差如何办理情形，逐一飞报，首站转传下站照办。一面飞报总局查核，诸事较有把握，不致临时为难。在差员司等派定各事，专司经理，必须振刷精神，事前事后，悉心筹画，妥为经理，临时镇静，不可慌乱，最为紧要。所有章程内未尽事宜，该印委随时按照上站传单，酌量变通办理，所谓神而明之，存乎其人。（长谷川雄太郎《回銮杂记》）

安排好全省的接待总体方案后，周大人又特地检查了一番首站磁州的接待工作。好在知州许之轼一向勤慎细密，将所有准备工作打理得井井有条。当然话说回来，许知州为了准备老佛爷回銮所需，实在是焦头烂额了。当时的目击者就披露称："磁州地方行宫及随扈王公大臣公馆应用零星什物，左近一带都已缺货，便是尚有存留也不合用，并且价甚昂贵。因此办差的人到北京去买。这种办差物件，不过两宫驻跸时暂时一用，銮驾一过，各物尽行抛弃。只算磁州一处，这等小费已用到三千两银子内外。"

慈禧很快就发现，无论是行宫、饮食还是场面的布置，直隶显然还是要比河南逊色一大截。不过令老佛爷感到欣慰的是，来到袁世凯治下的直隶，有些新气象、新事物还是颇值得肯定的。别的先不提，就说这迎驾仪仗吧，河南省地方官几乎每一站组织的都是沿途百姓、乡绅耆老，而袁世凯却别出心裁地派出了自己麾下全副德国装备的新式军队。了解袁世凯的人都知道，此公自1895年在天津小站练兵以来，通过五年的努力，参照德国标准编练了一支七八千人的武卫右军，后来这支军队就成了老袁赖以生存的根本。为了迎接慈禧太后的銮驾，袁世凯特地派自己的心腹爱将段祺瑞率领这支新式军队前去磁州地界护驾，没想到段祺瑞却差点引发一场大麻烦。

原来按照大清朝的惯例，即便是护驾军队，在迎接皇太后、皇上的銮驾时，也必须先行跪拜大礼再执行公务，否则便是大逆不道。没想到从德国留学回来的段祺瑞却态度强硬地声称，自己的新式军队只行军礼，绝不下跪。面对生性耿直的段祺瑞，负责迎驾协调任务的醇亲王载沣不禁勃然大怒，二人当即争吵得不可开交。得知缘由后，老佛爷喝止了载沣，然后从銮轿中走下来召段祺瑞问话。结果段依然回答说，人家德国军人即便迎接本国皇帝，也是将不下马、兵不离枪，更无下跪之举，只行军礼。而老佛爷竟丝毫不生气，反而连连点头称是地说："好，好。只要能打仗，跪不跪都不要紧。"一旁的宗室贵族溥伦贝子见状仍愤愤不平地说："太后，见驾不跪，再能打仗也是大逆不道之兵，这袁世凯如此练兵，应该下诏申斥。"没想到却招致了老佛爷的怒斥："胡说，那些八旗兵绿营兵大烟抽得多了，枪也扛不动，两腿发软，倒是极能下跪，可这些废物如能打仗，我们还用到西安去逃难吗！"通过这个小插曲，我们也不难看出，老佛爷之所以能掌控大清朝政近半个世纪，其手腕之丰富多变的确令人佩服呀！

还有一个插曲值得一提。当时和段祺瑞一同带兵前去磁州担任护驾任务的军官，还有一位名叫张勋的，时为武卫右军右翼第一营统领。不过与段祺瑞相比，张勋则为人圆滑，极善钻营。为了能飞黄腾达，在老佛爷跟前好好表现了一把。张勋不顾自己的身份，对大总管李莲英极尽巴结之能事，甘愿充当其门生。作为回报，李莲英每日将慈禧次日的行程提前告知张勋，而后者则乘机率领士兵疾行军，事先赶到驻地安排好守卫。由于张勋一路护驾尽心尽力、无微不至，慈禧非常高兴，到北京后便充满信任地下令其负责紫禁城的守卫，并提拔为提督衔，赐"硕勇巴图鲁"称号。

在磁州短暂逗留一晚后，慈禧第二天上午便匆匆离开磁州。途中，老佛爷还颇有兴致地欣赏了优美的漳河风光。当天天气晴好，回銮大军在路经古老的漳水长桥时，顺便领略了一番号称"磁州八景"之一的"漳渡晴澜"。

当天下午，慈禧銮驾抵达直隶重镇邯郸县驻跸。邯郸虽然在清朝时只是隶属于广平府的一座县城，但在这座历史悠久的古城中却遗留有许多名胜古迹。据地方志记载，当年为慈禧和光绪皇帝修建的行宫地处邯郸城中心位置，即如今的邯郸道西侧，是一座典型的北方复式四合院，分南北两院。据说供老佛爷休息的后院布置得颇为讲究，房前还专门移植了名贵的蜡梅，环境幽静。另据民间说法，当年邯郸县地方官实际上还在城北20里的黄粱梦镇为慈禧准备了另一处行宫，系由吕仙祠内的西王母殿仓促改建而成。其实严格意义上讲这只能算是一座尖站，即第二天老佛爷离开邯郸城后途中吃早饭时的休息场所。

由邯郸城北行20里，便是有名的黄粱梦镇。千百年来，"黄粱一梦"的传说一向被中国人视为对人生变幻的某种感慨。据最权威的古代传奇《枕中记》记载，唐朝开元年间，一个叫卢生的青年进京赶考，在路经邯郸附近一座客店时偶遇道士吕翁，两人言谈甚欢。在得知卢生求取功名的志向后，吕翁便递给他一个青瓷枕，告诉他只要倚枕而卧即可如愿以偿。这时，店主人刚刚蒸上黄粱米饭。果然卢生在枕上很快入梦，在梦中他享尽荣华富贵，子孙满堂，封妻荫子，一直到八十多岁临终时突然惊醒，却发现自己仍在旅店中，吕翁仍端坐其身旁，而店主人蒸上的黄粱米饭还没有

漳水长桥。摄于 1901 年慈禧回銮途中

邯郸县城楼。摄于 1901 年慈禧回銮途中

卢生祠。摄于 1901 年慈禧回銮途中

卢生祠一角。摄于 1901 年慈禧回銮途中

熟。于是卢生大彻大悟，觉得人生如梦，所谓的功名利禄不过是过眼烟云，便追随吕翁修道去了。后来，文人们又对这个故事多加改变，最终将吕翁这个人物替换为名声更大的吕洞宾，而故事的发生地则被改为黄粱梦镇。到宋代时，人们在此地修建了一座吕仙祠，又称吕祖庙，后明清两代又屡次重修和扩建。一个原本由文人虚构的故事，竟逐渐衍生出一处颇负盛名的名胜古迹，这本身就堪称一个传奇了。

吕仙祠内主要由钟离殿、吕祖殿和卢生祠组成，其中的卢生祠为国内唯一。值得一提的是，殿内有一座青石雕卢生卧像，相传抚摸其躯可祛病益寿，因此当地百姓及官道上来往的旅人常会到此处上香祈福。当年慈禧的銮驾路经邯郸时，地方官事先在黄粱梦镇设立一座临时行宫，地点便在吕仙祠东西两侧，分别供慈禧与光绪皇帝休息进膳。有趣的是，尽管老佛爷一行只是在这里短暂停留了大约个把小时，但却留下了一段不知是真是假的故事。关于这则在邯郸一带流传非常广泛的故事，地方志是这样记载的：

> 光绪二十七年冬日里的一天，慈禧太后从西安返回北京路过邯郸。沿路黄土垫道，清水泼街，路两边搭着彩棚，摆着香案。邯郸县大小官吏率领黎民百姓在路边跪迎跪送。慈禧的身后，跟着三千辆大车，车上装的全是一路上搜刮的金银财宝，一路威风凛凛，跟多半年前逃离北京时那劲儿相比，真是大不一样了。走了二十里，来到黄粱梦。慈禧太后到吕祖庙接官厅里歇脚。李莲英听说庙里扶乩问事挺灵验，心想，我领赏的时候又到了。他进屋向慈禧太后行了大礼说："启禀老佛爷，人们都说，在吕祖殿里扶乩问事挺灵验，您也去问个吉利吧。"慈禧这会儿心里高兴，听说有这回事儿，乐了："小李子，依了你。"他们来到吕祖殿，在神案前上了香。慈禧说："祖师在上，请问大清江山还有多长气数？"乩手架着箩圈，带动木杆笔，在沙盘上划拉起来。旁边的誊写手，看了看在纸上写了三个字，由道士交给李莲英。李莲英呈给慈禧太后。慈禧一看，是"二八秋"三个字。她一皱眉头，递给李莲英说："这是啥意

思？"李莲英眼发直，心发慌，不敢答话。慈禧说："再上香。"道士把香点上，插在香炉里。慈禧又问了一遍。乩手架乩，誊写手抄写，递上来一看，还是"二八秋"三个字。慈禧太后不高兴，对李莲英说："再上香。"心中想：再出这几个字，我就把你吕祖的神案踢翻了。不一会儿，道士又递上来，慈禧一看，这回变了，是一首诗，心里高兴了。一看诗是这么写的：胡儿不必记冤仇，前人拆庙后人修。纵然踢翻龙书案，再问还是二八秋。慈禧太后一看，知道吕祖师生了气，不能再问了，就拿着那张纸，退出吕祖殿。李莲英拍马屁，这回差点拍在马蹄子上。从光绪二十七年慈禧求字，到宣统三年，清朝真的维持了十年，也就是她求到的二八秋。二秋加八秋，正好十年。（《中国民间故事集成·河北卷》）

从这类故事也可以看出，当时的人们对老佛爷乃至整个朝廷都是很有怨言的。不过，联想到一年多来所发生的种种变故，或许慈禧在途经黄粱梦镇时真有一种人生如梦的感觉吧。

十一月十四日下午，慈禧的銮驾按照预定行程抵达永年县城所在地临

河北临洺关。摄于 1901 年慈禧回銮途中

洺关驻跸，并下旨在这里多住一天。此地盛产驴肉，风味独特。据说老佛爷当年入住临洺关行宫后，地方官员精心挑选了各种驴肉风味小吃，老佛爷品尝后连连称赞。

二　赵州有古桥

在临洺关停留两天后，回銮队伍于十一月十六日抵达顺德府城邢台驻扎，慈禧即入住设于府衙的行宫。由于接到通知说老佛爷要召见，因此刚刚上任不久的直隶总督袁世凯也由省府保定匆匆赶到邢台，并亲自安排迎驾事宜。当地官民自然又是一通忙碌，其情形与前方众多站点基本一致。顺德知府徐聪提前两三个月就开始积极筹备，抽调数千名民工修御路，建行宫，大兴土木。府署衙门被临时辟为行宫，装修得富丽堂皇，光彩夺目。对于当时的情形，许多老年人多年后仍历历在目：

> 邢台城内，黄土铺路，清水洒街，家家香花，户户灯彩。袁世凯临时把府衙辟为行宫，旧式隔扇换成玻璃门窗，油刷了清风楼和东门城楼，并把长街拓宽为3丈6尺。长街原有三座牌坊，南口的是贞节牌坊，其名称冲讳帝王，因此被拆除。大小官员吆东喝西，忙得团团转。城里的百姓事先得到邢台县衙的通知，三更天就在东门内外跪迎，直到次日午后，方望见由南而来渐行渐近的帝后銮队。首先是马队，接着是太监，然后是领侍卫内大臣开路，头一乘黄轿是皇帝，第二乘是慈禧太后，第三乘是皇后，第四乘是瑾妃，都挂起了轿帘，令臣民遥瞻。黄轿后是蓝轿，都蒙着轿帘，蓝轿后是文武百官和各衙门的档案车辆，翎顶补褂，衣冠锦绣，浩浩荡荡。清兵分列两旁，持长枪警戒，以防不测。为显示体恤臣民，黄轿前的司礼官代表皇帝，将银钱抛向人群，银圆、铜子、制钱如雨点般洒落，群情激昂，双手合十，山呼"万岁"。邢台毕竟远离京城，皇帝临幸是百年难遇的大事，一时间，鞭炮齐鸣，万人空巷，人

们争相一睹圣颜，气氛欢庆而紧张。(《河北文史集粹》)

虽然回銮大军只在邢台驻跸一天，但地方官吏为了讨好慈禧太后，皆争相效尤，恨不得竭一方之财力供奉，就连知府徐聪也因为操办皇差被搞得焦头烂额、疲惫不堪，老佛爷前脚刚走他就累倒了，不久后竟然一病不起去世了。殊不知由于在邢台时曾为老佛爷拟了一份电报稿，将原本千字的内容删减成三十字，其才华颇得欣赏。回到北京后，老佛爷想起徐聪，便传旨拟调其进京重用，只可惜他再也没有这个福分了。

在邢台用晚膳时，慈禧对当地的特产泽畔藕印象深刻。这种藕产于顺德府隆尧县东良泽畔及附近一些村庄，体型瘦长、洁白细腻、肉质脆嫩，水泡数日不变质；藕孔一大六小，如众星捧月，极为规则，据说老佛爷尝后赞不绝口。当然吃藕只能算是一个微不足道的插曲，老佛爷在邢台的主要活动是接见袁世凯等朝廷大员，一则了解地方情况，二则询问之后行程的安排。于是在顺德府行宫，袁世凯自入官场以来有幸第二次面见了慈禧太后和光绪皇帝。而正是从这一时期开始，由于慈禧太后的器重，袁世凯开始迅速登上权力顶峰，成为大清王朝最后十年最有权势的人。

当天在迎驾仪仗中，各路军队皆跪接跪送，唯袁世凯所率武卫右军不下跪，仅吹号、举枪、行军礼。据民间传说，袁世凯在邢台接驾时，还上演了一幕苦情剧。这天，袁世凯见慈禧的銮驾来到，立即伏在道左，跪请圣安，随又放声大哭起来。慈禧问他为何啼哭，袁世凯边哭边回答说："始太后蒙尘出外，臣未能追随警跸，万分悲悔。今见圣容清减，痛彻于心，不觉失礼。"听了这一番话，老佛爷深受感动，不禁眼圈一红落下几滴酸楚之泪，随即安慰说："好孩子，咱们今天能在这里见面，总算菩萨保佑，贤卿也不必过分伤心。"说罢又回顾左右近臣夸奖道："环顾宇内之人，无出于袁世凯之右者。"这段插曲不见于史籍记载，无从证实其真伪，或许是后世人们出于对袁世凯的憎恨而编排的。

众所周知，袁世凯与慈禧的关系最早要从戊戌变法时说起。当时袁世凯正负责在小站编练新军，属于刚刚崛起的实力派。由于其政治态度一度倾向于维新派，因此后来康有为、梁启超、谭嗣同等曾试图利用袁世凯手中的军队发动兵变，即所谓的"围园杀后"计划。但最终在对形势进行分析后，袁世凯选择向慈禧太后告密。虽然实际上慈禧之前已经控制了局势，但袁世凯的告密也为其屠杀维新党人提供了借口。由于这次告密行动，袁世凯受到慈禧的青睐和重用。1899年1月，慈禧首次接见袁世凯，并破格赏其在西苑门骑马，半年后又升任为工部右侍郎。不过，袁世凯真正博得慈禧的好感是在1900年庚子事变之后。当义和团运动开始蔓延于华北地区时，时任山东巡抚的袁世凯同许多顽固派大臣大唱反调，在自己的地盘上对义和团进行无情镇压。虽然这一政策公然违背了当时慈禧的旨意，但由于很快八国联军攻入北京，形势又迅速转变。慈禧一行从北京仓皇西逃后，袁世凯屡次在危难时刻送去钱粮物资表示忠心，从而使老佛爷深为感动。因此在1901年11月李鸿章病逝后，慈禧就任命袁世凯为署理直隶总督兼北洋大臣，并加太子少保衔。能在不到两年的时间里从山东巡抚一跃成为直隶总督兼北洋大臣，袁世凯对慈禧自然是感恩戴德，不惜一切代价讨好老佛爷，不但沿途行宫都布置得富丽堂皇，护卫队伍也训练得军容严整。在亲自护送老佛爷返回北京后，袁世凯又获得了赏穿黄马褂、紫禁城骑马的殊荣。

在顺德府接见袁世凯时，慈禧除了对其辛劳表示慰问外，还特意询问了有关从正定府乘火车进京的准备情况。袁世凯详细汇报称，他来邢台之前，督办铁路的盛宣怀以及外务部右侍郎唐绍仪等人，已经准备好了回銮所需的一切。袁世凯还额外带来一个好消息，各国公使也已做好了在北京迎接老佛爷的准备。

第二天上午，慈禧一行便离开邢台。起驾时，但见跸道两旁大大小小文武官员以及护驾的士兵，统统夹道跪送，场面甚是壮观。下午约莫两点多钟，回銮队伍便抵达内邱县驻跸。据内邱当地人回忆，地方官事先让老百姓天不亮就在跸道上跪迎銮驾。时值初冬，天气寒冷，跪迎的百姓痛苦不堪，直打哆嗦。驻跸内邱当晚，当地名厨为老佛爷进奉了一道"炒肉挂汁"，颇合其口味。

十一月十八日，銮驾由内邱县启程，当天下午四点左右抵达柏乡县城驻跸。在柏乡行宫，慈禧所做的一件事引起了外界关注。由于美国公使的压力，慈禧下令"已故户部左侍郎张荫桓着加恩开复原官，以昭睦谊"。只是不知此时张荫桓的冤魂倘若泉下有知，又会是怎样的感受？

想当年，作为朝中难得的外交人才，张荫桓原本有很好的前途，却在1900 年被慈禧太后下令处死。张荫桓（1837—1900 年），字樵野，广东南海人。早年应试不中，遂投身洋务，后捐官入仕，历任道员、按察使、总理衙门行走等职。他才识过人，熟悉外务，又精通英语，因而受到慈禧的赏识，1885 年被任命为特派驻美国、秘鲁、西班牙三国公使。三年任满回国后，即被任命为总理衙门大臣、户部侍郎，赏加尚书衔。1897 年，曾作为大清帝国代表赴伦敦参加英国维多利亚女王在位六十年庆典。由于外交及洋务方面的才干，张荫桓也受到光绪皇帝的器重，特别是在戊戌变法运动期间，二人关系非常密切。正因如此，张荫桓遭到慈禧太后的忌恨。戊

清末著名外交家张荫桓，1900 年被慈禧下令处死

戌变法运动失败后，慈禧下令捉拿张荫桓并准备将其处死，最终由于列强的干预才未敢下手，将其发配至新疆。1900年庚子事变爆发，八国联军围攻北京，恼羞成怒的慈禧下令将曾与列强交往密切的张荫桓处死，张荫桓由此成为参与戌戌变法的唯一殉难大臣。

第二天下午，回銮队伍抵达赵州驻跸。据当地文献记载，当慈禧太后一行进入赵州府城时，知州孙传栻率众出迎，并为老佛爷献上一道名菜"红焖肘子"。品尝完美食，老太太照例到当地大名鼎鼎的古迹、城南五里赵州古桥一游。

赵州赵村行宫。1901年摄于慈禧回銮途中

赵州古桥。赵州桥头有一关帝阁，其正殿之上有"古桥仙迹"匾额，系清嘉庆年间赵州知州李景梅所题。传说当年玉皇大帝委派"天工""神丁"暗中帮助鲁班，一夜之间修好赵州桥，桥修好后，张果老、柴王、赵匡胤同时过桥，鲁班用力托住桥身，结果各自留下印记，因此后世有"古桥仙迹"一说。1901 年摄于慈禧回銮途中

赵州桥。1901 年摄于慈禧回銮途中

三 正定痛定思痛

1. 正定好"风光"

在领略了赵州古桥的风韵后，慈禧一行匆匆赶路，于十一月二十日下午抵达正定府境内的栾城县驻跸。为了迎接回銮大军的到来，加上新任直隶总督袁世凯的格外重视，小小的栾城县自然又是一番折腾。当年栾城百姓是如何准备的，地方史志是这样记载的：

> 两宫回京所经道路，栾城地段是其中之一。得知慈禧、光绪途经栾城，栾城知县陈以培便命百姓修筑御路。路宽七丈二尺，全部用黄土铺平，扫帚扫净，不许留一个坷垃、石子，并且用净水泼路，以使人马行走无尘无声。大路两旁张灯结彩，设立香案，陈列各种瓜果糕点，供慈禧、光绪的随从任意食用。
>
> 那一天，皇家人马车轿一行途经栾城，附近百姓听到这个消息男女老少便都早早赶到大路两旁，竟相争睹。当时官府早已传谕"皇帝驾到时尽可跪着，但勿哗动"。突然，人群中有人喊了一声："来了！"沿路

正定府。明清至民初，正定府下辖14个州县，正定府衙在城内西北，始建于元代，经历代增修，规模宏大，内有大花园，民国时被改建为新式平房。通过照片可以看出，当时正定城内的建筑许多都遭到了战火的损毁。摄于1901年慈禧回銮途中

观看的百姓便纷纷跪倒伏地，不敢言语。这时，两队骑着马，穿着黄马褂儿的护卫过来了。接着是两顶黄轿，里面坐着慈禧太后、光绪皇帝。黄轿后面还有绿轿，轿后又是一列骑马的护卫缓缓行进。轿子经过哪里，哪里的人们就低下头，轿子过后才敢抬眼观看。百姓当中有献贡者，如呈上一盘枣，便得到赏赐银牌一个。有的老人，不论献贡与否，都可能被赏赐银牌。据说，慈禧太后为了笼络人心，早在洛阳时，就赶做了大批银牌。银牌长四寸，宽寸许，形似葫芦，带黄丝穗，上或镌"钦赏耆民"，或镌"钦赏"二字。当时，有一老者被赏银牌一个。傍晚，慈禧、光绪来到城内龙岗书院准备过夜。龙岗书院事先也早已油漆一新，院落打扫得干干净净，一切都显得整洁、清爽。慈禧太后、光绪皇帝在龙岗书院用膳时，降旨传当地名厨师卢老会及其高徒靳老哲侍奉御膳。光绪帝亲点菜谱，并将途中所纳熊掌交给老哲做菜。靳老哲使出浑身解数——烧就，得到光绪皇帝和慈禧太后的称赞。光绪帝欲让靳老哲进京当御厨师，见老哲执意不肯，便赐给他黄龙围裙一块，上绣"御厨师"三字，靳老哲因此闻名于石家庄一带。（郭钧令《慈禧、光绪过栾城》）

另据说，卢老会、靳老哲等名厨当年施展平生绝技，做出了栾城地方宴席"四大件儿"，慈禧品尝后十分高兴，当即各赏二人黄马褂一件。

第二天上午，心满意足的老佛爷从栾城启銮，下午四点左右抵达正定府城驻跸。当时慈禧的随驾营伍，加上从北京专程而来的迎驾官员，竟将正定府城全部大小客栈住满。其队伍之众，仅太监就达三四百人。其行李之多，堆积如山。人数如此之多的官员骤然聚集在正定府，使其顿时显得混乱不堪，凡能住人的地方都是人满为患。有许多位卑权轻的官员和普通差役及兵士们，只能在刺骨的寒风中挨着，其苦难言。例如《天津日日新闻》派出的记者就报道说：

> 两宫于二十一日下午两点钟抵正定府驻跸，维时满城文武暨由京来

正定府塔院，照片中的塔为正定天宁寺凌霄塔。摄于1901年慈禧回銮途中

迎之王公大臣齐在北郊外跪迎，远见尘土起处来黄驮轿无数，为此次沿途所赏收各物，次袁少保轿，再次周方伯轿，再次随扈王公大臣车马武卫各军虎神营兵，中间皇上、皇太后、皇后、瑾妃之黄轿，内监李莲英总管策骑在后并押运各辎重比銮舆入行宫。召见军机及王公大臣毕，正定府县以给宫门费太少均被太监扣留，后经袁少保担保允给若干万始放出。（转引自《义和团史料》）

按照预定计划，从正定开始，回銮队伍将改乘新式交通工具——火车进京，这自然需要一番准备。因此奏事处传旨明、后日在此驻跸二日。慈禧太后和光绪皇帝要在正定一连驻跸三天，虽说对于地方而言既是巨大的荣耀，可也意味着繁重的接待任务和巨大的花费。比如仅仅为了慈禧在车站作短时间的停留，地方官竟在周围搭建了三十多座彩棚。好在经过以直隶总督袁世凯为首的各级官员精心准备，多方协调，各个方面都动员起来，

而当时的报刊对这一幕也进行了带有讽刺性的报道：

> 直隶正定府一带，办理皇差用的木器都由北京火车运去，一概是紫色漆，总共有一千多件。从北京到保定、正定一带，办皇差委员以及差役人等，不下数千个人。到处只看见差局马匹车辆来来往往不断，上面都插着一面小黄旗，旗上写"回銮行宫大差"六个字，备办的台桌铺垫及各种应用物件堆积如山。委员买物一味动蛮，不由店主说价，或是强赊硬欠，或是随意拿去，不付一文。商民怕这一班人如同老虎一般。委员得意扬扬，得着差使，好似得着一块肥羊肉。肥羊肉是人人爱吃的，因此谋差使的拍马屁、钻狗洞，无所不至。
>
> 直省候补人员都已经派办大差，实缺官佐杂有时空出缺来，要想派个人去署理，竟至没得人去。在京候选各官，都拼命钻狗洞，谋做办差绅董，或供支局，或杂务局，或制备所，唤做帮办绅士。并且有人特地捐官，指省直隶，贪图办皇差里面挂一个名氏，又好发财，又好升官，这真是一条顶快顶便当的小路。
>
> ……
>
> 正定府北门地甚平坦，因两宫回銮，另行修筑跸路直达火车站。跸路中间阔三四丈，两旁小路各一条阔三丈余，费工程甚大，几百个工人拿铁铲子，细细把这条路琢磨光滑。据说每下雨一次，或雪后大风后，必须重加磨过。行人敢在跸路上走一步，罚银三千两。(《杭州白话报》，1901 年第 20 期)

然而与河南省及邯郸、邢台等沿途地方有所不同的是，正定在前一年的庚子之乱中可是重灾区，义和团与八国联军都曾在这里造成一定破坏。而这一切，老百姓大多将慈禧太后视为罪魁祸首，因此对于回銮大军的到来难免有些敌意。尽管地方官竭力弹压以维持表面的社会稳定，但依然不能阻止个别胆大妄为者铤而走险：

正定府北门外近跸路一带，九月底时候，有人在夜间粘贴匿名帖数百张，地方官派人揭去。过几日夜间，跸路中间竖起竹竿一根，上悬木牌一块，牌上又写着是匿名帖。后来查访，知是近村一个老者做的事情。地方官拿去，打了他几百板子。和他说本朝从明朝崇祯皇帝甲申那一年，由满洲进山海关来，得了中国，到如今二百几十年，待百姓深仁厚泽，怎样宽大，你怎么要贴匿名帖，你知道朝廷是不好谤毁的吗？老者一言不答，爬在地下，只是号啕大哭，爬起一路哭出衙门去了。匿名帖用黄纸刷印，小楷字写得甚好，帖上的说话是：

"一心逐洋人，养成神拳神。洋人不能逐，赔钱反折兵。

自翠华西幸，一年求和成。洋兵入境后，屋产劫火焚。

今年赔款大，剥削我黎民。富者封物产，贫者罪其身。

父哭与儿啼，凄声不忍闻。今时皇差大，官吏馋狼奔。

敢近跸路行，罚银三千金。邻跸路左近，折屋且毁坟。

嗟我民何罪，为此中国民。怕官吏如虎，民自视如鼠。

慈哀思我后，后来吾其苏。"（《杭州白话报》，1901 年第 20 期）

虽然有个别"刁民"捣乱，但慈禧对到正定后所看到的一切还是颇为满意。尤其是这里名胜古迹众多，素有"九楼四塔八大寺，二十四座金牌坊"的美誉。特别是历史悠久的皇家寺庙隆兴寺，也就是此次慈禧太后和光绪皇帝的临时行宫，堪称"京外第一名刹"，寺内的铜铸千手千眼观音和摩尼殿堪称国之瑰宝。另外，附近的天宁寺凌霄塔久负盛名，同样是不容错过的胜景。

隆兴寺位于正定城东门里街，是一座规模宏大、保存完整的皇家寺庙。该寺始建于隋开皇六年（586 年），原名"龙藏寺"，宋代时得到很大发展，到清代康熙、乾隆年间又经大规模维修和增建，最终达到鼎盛。1709 年，康熙皇帝下令改龙藏寺为隆兴寺，并专门在寺庙西侧修建了行宫。由于地理位置优越，历史悠久，隆兴寺向来颇受清代皇室的重视，康熙、乾隆两位皇

隆兴寺侧面图。摄于1901年慈禧回銮途中

帝曾多次在南巡途中在此驻驾。据史书记载，隆兴寺西侧的皇家行宫占地约50余亩，坐北朝南，由皇帝行宫、皇太后行宫及皇后行宫东中西三路建筑组成。行宫大门上，悬有乾隆十一年（1746年）乾隆皇帝御书匾额"烟霞澄鲜"。

　　不过令人唏嘘的是，当1901年慈禧太后回銮途经正定府城时，却再也没有机会入住康熙爷当年住过的皇家行宫了。原来早在1858年，也就是老佛爷的丈夫咸丰帝当政时，天主教正定教区的法国主教董若翰偶然发现了闲置多年的隆兴寺行宫，他见此处环境清雅，便在本国政府的支持下向朝廷要求租借，结果竟意外地被咸丰帝批准，于是大喜过望的董若翰便把这座皇家行宫改建成了天主教堂。而与此同时，临近的隆兴寺却因社会动荡而日渐衰败。到庚子年间，战火一度波及正定。危难之际，全靠住持意定和尚多方斡旋，隆兴寺以及临近的天主教堂才幸免于难。据记载，这意定和尚是正定本地人，俗姓王，13岁时出家，曾在北京法源寺修行，1886年来隆兴寺做住持。1899年，冀鲁一带的义和团民曾云集隆兴寺，准备攻打法国天主教堂。为使隆兴寺免遭牵连，意定和尚极力劝诫义和团，同时又给他们一些钱，终于促使义和团撤离，而法国天主教堂方面也对意定颇为感激。待到庚子年八国联军入侵时，有一路法国军队闯入正定城。就在当地百姓恐惧不安时，又是意定出面维持，结果法军统帅巴尧不但没有烧杀抢掠，还和意定和尚结下了很深的情谊。据说1901年巴尧从正定撤兵时，还在隆兴寺内穿上意定和尚的袈裟拍照留念。

虽然正定城在庚子年躲过了一场劫难，但慈禧太后一行回銮途经这里时，仍只好在隆兴寺内暂住。在听说了意定和尚的义举后，老佛爷不禁对其褒奖有加，并当场为寺内大悲阁题写了"大慈大悲"的匾额。

除隆兴寺外，正定城内天宁寺的凌霄塔也是一处著名的古迹。天宁寺始建于唐末，可惜到清末时已逐渐衰落，寺内大多建筑都遭毁坏，只有凌霄塔保存尚称完好。此塔是一座砖木结构的九层楼阁式塔，平面呈八角形，高41米，矗立于八角形台基之上，塔身粗壮，塔体巨大，颇有巍峨高崇之势。

眼看离北京城越来越近，慈禧太后想必在凭吊古迹、上香礼佛之外，更多地要考虑一下今后的朝政了。在正定停留三天期间，她先是对朝臣们提出了殷切期望，希望大家"安不忘危，痛除粉饰，君臣上下，同心共济"。除此之外，老佛爷专门就今后加强外交工作提出了一系列设想："回宫后，皇帝于乾清宫择日接见公使，太后于坤宁宫接见公使夫人。"对于老佛爷的这一重大转变，许多大臣其实是想不通的，例如吴永就表示："觐见礼节，历来不知曾费几许争论。此番和议，亦列为重要条件，反复磋磨，颇滋唇舌。此等节目，本无矜持之必要，乃前此看得十分郑重，无论如何不肯将就。此刻乃终于唯命是听，更格外要好，添出夫人一道礼数。受罚不受敬，真不值矣。"不过后来的事实证明，尽管许多大臣还对洋人存有戒惧心理，但在经过庚子年间惨痛的教训后，慈禧太后仿佛一夜之间性情大变，在此后几年间竟展开了频繁的夫人外交。

2. 老佛爷的"夫人外交"即将出台了

"慈禧太后在中国历史上没有第二人,在世界历史上也绝无仅有。她不仅在上世纪后半叶统治了大清帝国,她的统治推迟了大清帝国的灭亡,她还把中国政治家们所能想到的某些改革措施也付诸实践了。和满族的其他妇女相比,她可谓鹤立鸡群,出类拔萃。和其他民族的妇女相比,她同样毫不逊色。就性格的坚强和能力而言,她和任何人相比都不差。我们不由自主地钦佩这个女人,她小时候在家里帮母亲干杂活,后来被选入宫做了个'贵人';她是一个皇帝的生母,一个皇帝的妻子,她立了一个皇帝,她还废了一个皇帝,她统治了中国将近半个世纪——而所有这些都发生在一个妇女没有任何权利的国度。说她是19世纪后半叶最了不起的女人,这不算是夸张吧?"这段话出自美国传教士 I.T. 赫德兰所著的《一个美国人眼中的晚清宫廷》,从中我们也可以看出,当年在与慈禧太后的接触中,西方人对她的看法是多么地令我们感到诧异。

在我们的印象中,控制大清王朝的慈禧太后肯定是一个盲目仇洋的老太太,她敌视一切西方世界的新鲜事物,拒绝与洋人交往,将整个帝国彻底封闭在历史的记忆里。然而随着各种史料的不断被发掘,我们越来越发现,事实并非如此。恰恰相反,在某些情况下,慈禧对西方表现出了强烈的好奇心。特别是在经历了义和团事件之后,她似乎越来越意识到历史潮流的势不可挡,因而便做出了种种令后人匪夷所思的举动。

世界上没有无缘无故的爱,也没有无缘无故的恨。说实话,经历了几十年西方列强对大清朝的各种欺凌,慈禧太后实在没理由对洋鬼子有任何好感。然而老佛爷又意识到,面对新的国际形势,大清朝再也不能采取一味躲避的鸵鸟政策了。于是出于外交上的考虑,她还是听从了大臣们的建议,决定同列强改善关系。由于自己女性的特殊身份,她所能做的首先便是同各国驻华公使夫人们拉近关系。功夫不负有心人,还别说,通过这种"夫人外交",老佛爷还真结交了几位私人关系很好的洋夫人,其中最著名

慈禧与康格夫人（右二）等在一起

的当属美国公使康格夫人了。

康格夫人本名萨拉·康格（Sarah Pike Conger），她的丈夫爱德温·赫德·康格（Edwin Hurd Conger,1843—1907）是一位美国外交官，1898 年任驻华公使。1900 年义和团运动时，他被围于东交民巷，使馆解围后奉召回国，《辛丑条约》签订后又来华复任，1905 年辞职回美。1898 年，萨拉·康格跟随丈夫来到中国，在北京住了 7 年。1909 年，她将自己在北京期间写给家人的书信结集，名为《北京信札》。该书与绝大多数西方来华人士的视角不同，表达了与众不同的中国观。在华期间，康格夫人曾经多次觐见慈禧太后。在《北京信札》一书中，她以女人特有的细腻，披露了许多鲜为人知的情节，展现了慈禧太后的另一个侧面。

其实早在义和团运动爆发前的 1898 年 12 月，外交使团的夫人们就想在慈禧太后 64 岁生日时向她表示祝贺，于是通过外交途径请求太后召见。

经人斡旋，这一要求终于得到批准。13 日，美、德、荷、英、日、法、俄等七国的驻华公使夫人，被允许进紫禁城觐见皇帝和太后。七位公使夫人11 点从英国公使馆出发，每位夫人乘坐一顶轿子，到达北海第一道门时后换乘宫廷专用轿子，进入第二道门时换乘法国一节小型火车车厢，最终在官员们的陪同下来到金銮殿。在门口，她们脱掉厚重的外衣，接着被领到皇帝和慈禧太后的面前，按照等级列队站立，并向他们鞠躬。随行的翻译将每位夫人介绍给庆亲王，再由后者将她们介绍给皇帝和太后。然后，英国公使窦纳乐夫人作为代表用英语宣读了简短的致辞，慈禧太后通过庆亲王致了答辞。当她们趋步向前向太后鞠躬行礼时，"太后拉着我们每个人的手，给我们每人的手指上戴上一枚镶有珍珠的镂金戒指"。接下来便是午餐和看戏等项目，宾主尽欢而散。对于这破天荒的会见，康格夫人写道："令人愉快的一天就这样过去了，这一天我们仿佛置身于梦幻之中，回到家以后，仍然沉浸在新奇和美妙的感觉之中。想想吧，中国闭关锁国几个世纪，现在终于打开了大门。"也正是由于同康格夫人接触最早，次数最多，因此在后来历次接见时，慈禧都对其格外亲热。

1901 年《辛丑条约》签订后，痛定思痛的慈禧开始下决心调整对外政策。与原先极力躲避洋人不同，在生命中的最后八年，这位当朝皇太后似乎越来越热衷于接见各国公使夫人，试图用"夫人外交"修补与列强的关系。康格夫人高兴地发现："慈禧太后第一次接见来自外交使团的七位女士是在外交大臣的努力和督促之下才得以实现的。1900 年的动乱结束之后，宫廷回到北京，太后的态度发生了很大转变，她主动发起了很多次会见的邀请，大家自然都接受了这些邀请。我到宫中出席午宴，格格王妃们也到我家共进午餐。由此，格格、福晋与大臣的夫人们开始邀请款待我们，也受到我们的邀请和款待。"

1902 年 1 月初，因八国联军进北京而被迫在外逃亡了一年有余的慈禧携光绪皇帝返回久违的紫禁城。没过多久，2 月 1 日，她就和光绪在皇宫接见了外交使团的女士及公使的夫人和孩子们。与之前任何一次接见不同，这次洋人破天荒地从正门踏进紫禁城，并受到慈禧太后的接见。康格夫人清楚地记得："我们站在金銮殿门口停住了，站成恰当的序列，然后再走进去，在靠近太后的御座时，恭恭敬敬地向她鞠了三躬。她坐在一张长桌的后面，桌上放着一根精美的珊瑚权杖。我们走近时，她认出了我，微笑着向我示意，因为在这群女士中她先前只见过我。……觐见以后，我们被领到另一间大屋子里，在那儿举行了一个非正式的招待会。太后已经先到了，当我们进屋时，她喊道'康太太'——我的中文名字——我向她走去。她双手握着我的手，百感交集。当她能够控制着自己的声音时，她说：'我非常抱歉，为发生了这些不该发生的事感到痛心。这是一个沉痛的教训。大清国从今以后会成为外国人的朋友。同样的事将来不会再发生。大清国会保护外国人，我希望将来我们会成为朋友的。''我们相信您是真诚的，'我说，'通过进一步的相互了解，我们相信我们会成为朋友的。'"看到这幅情景，我们很难想象这居然是慈禧太后与洋女人的会面。如果换个场景，还以为是熟识多年的街坊邻居久别重逢呢。

对于慈禧太后在外交场合的表现，赫德兰曾在其著作中赞叹道："只有在私下接受某外国公使夫人的觐见时，这位非同寻常的女人才会表现出她的机智，她的女人味儿，和她作为女主人的吸引力与魅力。她与每一位客人握手，非常关切地嘘寒问暖；她也抱怨天气的炎热或寒冷；如果茶点不合我们的口味，她会非常着急。她十分真诚地说，能和我们见面是她的一种福气。她还有办法让每一位客人都为她着迷，即使她们以前对她存有偏见。她对每一位客人都很关照，这也充分表现了她作为一朝之主的能力。"

据记载，康格夫人在北京期间前后共九次觐见慈禧，其中仅1902年就有三次。随着交往的增多，慈禧在西方公使夫人们心中的形象似乎也越来越正面，越来越富有人情味。例如在1903年6月15日第六次觐见后，康格夫人说："除了王室的优雅气度外，太后女性的温柔深深地吸引了我们。太后在召见过程中还热忱地祝贺我喜添外孙女。"

1905年4月，美国驻华公使康格离任回国，临行前他率四名使馆工作人员觐见了光绪皇帝，而康格夫人随后也带着私人翻译去觐见慈禧。或许是格外珍惜这最后一次的会面，在正式行过皇家礼仪后，康格夫人和慈禧以两个普通女人身份谈心。为了表彰康格夫人对中美友谊所做出的贡献，慈禧还授予康格夫人"女官"名号。之后还发生了最感人的一幕："我与太后道别，正要告退时，她又把我叫回去。太后的翻译把一块用鸡血石制成的护身玉佩放在我手中，说道：'这是太后随身佩戴的，现在太后想送给你，希望你能一直戴着它渡过重洋，它会保佑你平安到达祖国的。'"在回到美国后，康格夫人一直对慈禧太后的厚爱念念不忘，她一方面为"繁文缛节使一个女人无法对另一个女人吐露心声"而感到遗憾，一方面又称赞"太后陛下是中国历史上少有的几个性格鲜明的女性之一"。1908 年 11 月 15 日慈禧去世后，康格夫人在第一时间写了题为《国丧》的纪念文章。其中写道："今天，全世界都在为中国默哀。官方公文正式宣布大清国光绪皇帝驾崩，西太后慈禧薨逝。每个国家都笼罩在伤感之中，带着同情，请中国节哀顺变。我更是深感哀伤。……尽管经过各种激进的主张，面临过各种危波激流，她仍岿然不动。历史会记录下这一切，这也会得到全世界的公认。在我与这个不平凡的女性的谈话中，我注意到她热爱她的国家、她的子民，她想要提高民众的意识，提升妇女的地位。……47 年来，这个精明强干的女人一直位于大清帝国权力的顶端，受到众多男性强有力的支持。在这块女性没有多少社会地位的土地上，她的成就让她的能力和才干更加耀眼。"

据记载，慈禧当年在接见各国公使、军官以及他们的夫人时，经常举办西餐宴会，并在这一过程中越来越熟悉西方外交礼仪。如果外宾是从共和国来的，她便会问："你们的大总统好！"如果是从君主国来的，便问："你们的国王好！"她甚至会在每逢各国公使夫人的生日时主动送去蛋糕或其他礼物表示祝贺，或者派遣女官容龄等人或其他格格们去祝贺。康格夫人六十岁寿辰那天，慈禧就派人送去了鲜花和寿桃，令康格夫人又惊又喜。每逢端午、中秋节或是自己的生日，慈禧还会邀请各国公使夫人到颐和园游园呢。

四　开往北京的专列

1. 保定四日

　　十一月二十四日上午九点钟，根据事先的计划，慈禧太后率领着部分亲信随从乘坐火车从正定出发，前往下一个目的地保定。而其余人马则先期离开正定，继续沿着官道返回京城。关于这天的行程，史书上记载得很明确："二十四日巳刻自正定府启銮，改由铁路北上。两宫分乘花车，于午正一刻驶抵定州，在铁路公司传备御膳；申刻抵保定府驻跸。"而鲜为人知的是，这可是慈禧太后第一次正式乘坐火车呢。

　　众所周知，火车、铁路乃工业革命的产物。早在 1825 年时，英国人便率先建成了世界上第一条公用铁路。此后短短几十年间，世界各国都纷纷兴起了修建铁路的热潮。鸦片战争之后，最先睁眼看世界的那拨儿人如林则徐、魏源、徐继畬等，都曾向国人介绍过这方面的知识。说来惭愧，当大清帝国还在像看怪物一样看洋人的"火轮车"时，铁路早已诞生整整半个世纪了。对于那发出巨大吼声的蒸汽机车，大清帝国的臣民们从一开始就充满了恐惧与抵触，大多数同胞都认为这种可怕的钢铁怪兽会破坏祖国的土地、房屋乃至风水。第二次鸦片战争之后，不断涌入中国的西方人开始向清朝鼓吹修建铁路的好处。为了增强说服力，1865年，一位名叫杜兰德的英国商人还曾在北京的宣武门外，沿着护城河修建了一条只有一里长的小铁路展览给中国人看。不过令西方人失望的是，由于当时清朝统治者的极力排斥，这条小铁路最终被勒令拆除。

1876年，在当时中国最开放的口岸城市上海，英商怡和洋行修建了仅有13余里长的吴淞铁路，这也是大清帝国第一条真正意义上的铁路。然而在铁路仅仅通车一个月后，由于一些民众的抗议，清政府勒令吴淞铁路停运。随后经过多方交涉，清朝政府花费了28.5万两白银赎回这段铁路，随后竟将其全部拆除后运往台湾，最终在风雨中锈蚀成了一堆废铁。

1878年6月，为了解决将开平煤矿所产的煤炭运往天津的问题，洋务大臣李鸿章奏请修建唐山至北塘的铁路。这一计划最初得到了朝廷的批准，但随后便遭到顽固派王公大臣的群起攻击，而他们最担心的则是火车轰鸣声会震动遵化附近的皇陵。经过权衡，朝廷决定缩短计划中的铁路，仅下令修建唐山至胥各庄一段，1881年6月竣工。更可笑的是，为避免机车震动皇陵，朝廷起初竟下令由骡马牵引火车车皮，直

1903年慈禧前往西陵祭祖时所乘的花车。虽然目前没有1901年回銮时她所乘坐的专列的照片，但外观应该相差不大

到第二年才准许使用蒸汽机车。为了说服慈禧太后支持铁路建设，1888年，李鸿章又别出心裁地在北海、中海西侧专门为其修建了一条长约2公里的宫廷铁路。这条铁路由静清斋至瀛秀园，途经紫光阁，故称紫光阁铁路。对于这件新奇的礼物，老佛爷毫不犹豫地笑纳了。在李鸿章等人的鼓动下，她率领一干大臣坐上6节车厢的小火车，前面则由太监们人力牵引。在亲身体验了一把后，慈禧太后对铁路及火车的态度迅速改变，由此开始支持洋务派的铁路计划。

而在庚子事变后由西安返回京城时，决定在外交政策上进行变革的慈禧太后为对洋人表示友善，毅然乘坐比利时铁路公司提供的豪华列车从正定经保定抵达北京。要知道，老佛爷一辈子只正式坐过两次火车，除了这次回銮之旅，另一次则是1903年清明节前往易县西陵祭祖。

据档案记载，实际上早在从西安出发时，根据慈禧太后的旨意，卢汉铁路*督办、时任宗人府府丞的盛宣怀就先期与该铁路公司的高管柯鸿年等人协商准备专列事宜了。

回銮大军抵达正定后，比利时铁路公司所准备的专列已提前停靠在车站，就等老佛爷一声令下出发了。由于在自己的地盘上，加上与盛宣怀素有嫌隙，因此直隶总督袁世凯特意对专列进行了认真检查。尽管事前是抱着挑剔的心态来检查工作的，但最终老袁也不得不承认，这个盛宣怀确实太会讨老佛爷欢心了。

回銮专列共21节车厢：先是附属的装货车厢9节，装着慈禧在西安期间和沿路上收到的金银珠宝等贡品，还有载运仆役骡轿等的专用车厢数节和铁路办事人员的车厢；接下来是二等车厢2节，供部分王公大臣之用；一等车厢1节，为光绪皇帝专车；二等车厢1节，供荣禄、袁世凯等重臣和内务府列位官员乘坐；又一等车厢2节，1节为慈禧专车，另1节供皇后

---

* 卢汉铁路，甲午战争后，清政府准备自己修筑的第一条铁路，从卢沟桥至汉口，由时任天津关道盛宣怀为督办大臣。由于当时国库空虚，在正式动工后又被迫从俄国、法国、比利时等国贷款，最终由比利时公司接办，北端起点也改为经北京西便门至正阳门西车站。1898年底正式开工，1906年4月全线竣工通车，又称京汉铁路。

清末铁路总办盛宣怀

和嫔妃等皇家女眷乘坐；二等车厢2节，供宫里的一般侍从太监乘坐；再下来又是一等车厢1节，是总管太监李莲英的专车；最后才是比利时铁路公司专门派出的工程师杰多第的事务车厢。

为了衬托出喜庆的气氛，盛宣怀等人还颇为用心地将五辆列车装饰成花车，原本计划的是太后、皇帝、皇后、大阿哥、瑾妃各一辆，如今大阿哥已被废黜逐回京城，多出来的一辆便改为老佛爷的卧车。当袁世凯巡视特地为老佛爷准备的两辆花车时，不由感慨其豪华与气派：座车迎门是一架玻璃屏风，转过去在右面开门，穿过一段甬道，里面是半节车厢成一大间，中设宝座，两面靠窗设长桌，黄缎绣龙的椅垫、桌围、地上铺的是五色洋地毯。车厢内壁衬都换上了黄绫子，包车内原有的座位全部拆掉，安装上与宫里一样的宝座。宝座之后，左右两道门通至卧车，只见靠窗横置一张极宽的洋式大铁床，上面还铺着最新式的席梦思床垫，便于老佛爷躺在上面抽鸦片养精神。至于皇后和后宫嫔妃们的专用车厢，窗户上都专门装了非常厚重的窗帘。凡此种种，真可谓周到备至，万无一失。当然，为了这趟专列，也着实没少花银子。当时的媒体在事先了解到这些情形后，也第一时间进行了报道：

两宫要在直隶省正定府坐火车进京。督办铁路大臣盛杏荪（即盛宣怀——笔者注）共备花车五辆，一请太后坐，一请皇上坐，一请皇后坐，一请大阿哥坐，一请两位妃子坐。其余王公大臣，共备车二百辆。太后车上并预备洋式铁床一张，每吃一顿饭，用干水果十九碟，四大碗、四小碗、一品锅，均用团龙花样，茶碗也是团花，上面刻"小臣盛宣怀恭进"七个字。另外还有自鸣钟、如意着衣镜、珊瑚树等各种摆设。（《杭州白话报》，1901 年第 18 期）

对于盛宣怀和比利时方面的精心准备，慈禧太后自然是颇为赞许，而后来盛宣怀之所以能迅速成为大清朝头号官商，与此次迎銮之功也有很大关系。

根据当初的计划，回銮专列应该是一大早就从正定出发的。因此十一月二十四日早上六点，天色还很黑，卫兵们便手执火把把正定车站照得通明，随后慈禧一行开始登车。却不料当大家都准备好之后，慈禧却又下令钦天监算一下哪个时辰吉利，适合出发。结果在一通忙碌后，钦天监的官员们报告说九点是吉时，于是老佛爷又断然下令更改出发时间。于是乎，在凛冽的寒风中，云集在正定车站前来送驾的官员百姓们不得不又多等了两个多小时，即便是负责开火车的比利时司机也只能无可奈何地俯首听命。

九点钟，回銮专列终于从正定车站缓缓驶出。三个小时后，列车在定州车站临时停靠一小时供老佛爷用午膳。有趣的是，由于袁世凯等一干大臣被安排在两节车厢里十分拥挤，加上火车颠簸，平日里养尊处优惯了的这些老爷们纷纷抱怨。因此在列车抵达定州休息时，袁世凯等人经同比利时铁路方面商量，多加了一节车厢。不料被正在站台上散步的慈禧发现，老佛爷当即勃然大怒，勒令撤下加挂的车厢，否则严惩不贷。之后，专列继续前行，于下午三点多抵达直隶省会保定。虽然那些拥挤不堪的大臣们私下里一肚子牢骚，不过老佛爷却兴致颇高，对盛宣怀的筹划以及比利时铁路公司的服务非常满意，到保定后便决定在设于直隶总督府衙的临时行宫修整三天后再直接回京。

在此前一年八国联军入侵时，号称京师南大门的保定府可是重灾区。在相继占领了天津和北京后，1900 年 10 月 12 日，由德、英、法、意四国军队组成的南侵远征军分两路向保定进犯。20 日，侵略者占领保定府，并且将保定瓜分为四个控制区。时任护理直隶总督的廷雍尽管亲率文武各官及绅商求降，但仍被斩首示众。由于当年保定地区义和团比较活跃，因此侵略军对这座城市进行了报复性破坏，包括城墙、寺庙、书院、衙门在内的许多建筑都遭到毁坏。待到和议完成，短期之内也很难恢复。更重要的是，当慈禧太后开始回銮之旅时，时任直隶总督李鸿章正在北京与八国联军谈判，很难抽出时间和精力筹办迎銮事宜。而当慈禧越来越接近保定时，刚刚上任的袁世凯即使想大操大办迎接銮驾也来不及了。因此当老佛爷驾临保定时，当地并没有像河南省的许多站点一样大兴土木，修建专门的行宫，而只能匆匆对直隶总督府衙进行一番装饰整修，以作为临时行宫了。可即便如此，在外界看来，保定府的迎銮工作所耗费的人力物力财力也是相当可观的，且看《天津日日新闻》当时的报道：

> 直隶保定府是回銮定要走过的路，保定府开设一个大差局，委员有一二百个，说起来真是要吓死人。大差局需用各色物件，由采办委员照市价购买，听说磁盆一项要备两万只，在唐县的窑里定造。
>
> 清河道潘梅园道台，八月十九到省里，采买牛角、玻璃各样灵巧好看的灯，预备两宫到保定时张挂。
>
> 保定府大差支应局经总办派督标武弁十二名，带领轿夫六十名，到河南、直隶交界的地方恭迎御驾。
>
> ……
>
> 銮驾走入直隶境界，由正定府坐华（花）车；到马家堡换坐銮舆，进永定门、正阳门，由大清门还宫。所有跸路经过地方，应修御路。须要修得平平坦坦，不准同旧年两宫出京时一样，一路上都是七高八低。
>
> ……

保定行宫头门二门皆以红砵油之门上贴金钉，二门内州县官厅改作朝房大堂，两旁司道官厅今为奏事处。大堂前五色彩棚，大堂后东花厅为皇上住所，中设宝座，东里间为皇上寝室，外间办公处，二堂召见，三堂为太后行宫，中设宝座，东间住所一切铺陈甚为华丽。皇后住花厅后援，昔为四雅堂是也，瑾妃住所西院先为大阿哥预备住处，今改作大总管行馆。行宫内均系红木器具，一律闪缎，铺垫上加黄狐皮垫，桌几凳套闪缎心元色缎镶边，惟太后行宫西间设有炕床一张，上系黄万字缎铺垫，上加黄狐皮垫，幔帐黄色湖绉面淡青貂里雪青绸，门帘淡青貂里库锦四镶边，皇上行宫床帐蓝色闪缎月门绸帐蓝色缎褥，上加黄狐皮褥，窗前黄缎大幔，帐外间房有木床一张，皆系黄缎坐褥，靠炕床前有大书桌一张，黄缎闱套，各房间有大着衣镜一架，墙壁字画系玻璃镶挂屏，各房间有玉如意一座及陈设古玩等类不及详书。

······

保定府行宫，本是东西辕门，后改为东西牌楼，后又将东西牌楼字样抹去，画成花草。行宫里面屋子，用灰鼠皮补壁，老虎皮铺地。

十月间京中备办上用器具、粮食以及灯油蜡烛各项，送往保定的不下一百几十车。外国报上说，上用的物有这许多，丝毫没有俭朴的意思。

（转引自《义和团史料》）

这里有件事需要澄清。保定当地民间一直有传说称：当年慈禧回銮路经保定时，直隶总督袁世凯为了讨好她，赶紧征集大批能工巧匠修建行宫和戏楼，另外又扩建古莲花池。当地有位心灵手巧的老木匠，因痛恨慈禧的祸国殃民，就跟徒弟们设计了一个"莲叶托桃"的造型放置在行宫戏楼的宝顶上。慈禧驾临后，很快了解到工匠们是嘲讽她"连夜脱逃"，因此恼羞成怒处死了老木匠。实际上如前所述，这类传说故事只能反映老百姓的一种情绪，与史实则不大相符。不过袁世凯倒的确在保定为慈禧修建过行宫，时间则是1903年。那年清明节，慈禧携光绪前往易县西陵祭祖，途中便在保定住了三天，而地点便是袁世凯专门为其修建的行宫，该行宫系由保定城南门内的永宁寺改建而成。至于著名的古莲花池，当时则作为了行宫的御苑。

　　虽然无法为老佛爷新建行宫，但袁世凯拍马屁的功夫毕竟一流。硬件不行，咱就在软件上下功夫！按照以往老佛爷的兴趣爱好，通常会在闲暇之余听听戏什么的。于是，这回老袁竟组织了一支西洋乐队在保定火车站列队奏乐迎接老佛爷的驾临。后来据披露，早在天津小站练兵时，袁世凯聘请的德国顾问就将西洋乐器带进了北洋军供操练用，老袁发现效果不错后就组建了一支简单的军乐队。此次为了做好迎銮工作，已成为直隶总督的他便灵机一动，花大价钱从香港购买了一套完整的西洋乐器，再选拔人员进行突击培训，最终成功地在保定为慈禧表演。老佛爷尽管见惯了大场面，可初次面对西洋乐这种新奇的玩意儿还是难免兴奋，不由对袁世凯连连夸赞。所以当老佛爷入住保定府行宫后，大体上也还满意，便传旨休息四天。如同之前所有站点一样，在保定期间，地方官为让老佛爷吃得好，纷纷将地方特产槐茂酱菜、马家烧鸡、四美斋糕点乃至张嘴烧饼等送入行宫。为了表彰官员们的孝心，在保定期间，她先后召见了庆亲王、梅东益、郑沅、唐绍仪、绍昌、张莲芬、杨士骧、马金叙等大臣，这些基本都是迎銮有功人员。

　　值得一提的是，在保定期间，慈禧太后还下令为庚子事变期间因反对同列国开战而被处死的原户部尚书立山、兵部尚书徐用仪、工部侍郎许景澄、内阁学士联元、太常寺卿袁昶等五名大臣 * 平反。很显然，眼看就要回到北京了，同洋人再度打交道自是不可避免，老佛爷需要尽可能做出一些姿态表示自己对前事悔过的诚意。

---

* 立山（1843—1900年），本名杨立山，蒙古正黄旗人。笔帖式出身，因与李莲英友善，早年深得慈禧宠信，曾任总管内务府大臣、户部侍郎、户部尚书等职，加太子少保。联元（1838—1900年），满洲镶红旗人。曾任太常寺卿、内阁学士、礼部侍郎等职。徐用仪（1826—1900年），字吉甫，浙江海盐人，曾任军机大臣、兵部尚书等职。许景澄（1845—1900年），字竹筼，浙江嘉兴人，历任驻法、德、意、荷、奥、比六国公使，总理衙门大臣兼工部左侍郎。袁昶（1846—1900年），字爽秋，浙江桐庐人，历官户部主事、总理衙门章京、太常寺卿等职。1900年庚子事变期间，此五人皆因主张镇压义和团，反对同列国交战而被处死，史称"庚子五大臣"。

2. 重回北京

十一月二十八日上午，慈禧从保定启程，走完了此次回銮之旅的最后一段路程。史料记载，当天"十点二十五分，自保定行宫启銮。……车站两旁，扎有彩棚三十座，前两棚为直隶督宪、监司候送休息之处，余皆以印委官一人主之，备送迎官员憩候。开驶时，军队擎枪奏乐"。由于此前钦天监的官员经"计算"后认为，二十八日下午两点准时到达紫禁城是最为吉利的，因此最终确定了老佛爷由保定到北京的具体行程为：先乘火车抵达北京南郊的马家堡车站，然后再乘坐轿辇经永定门入城，这样便于控制回宫时间。

尽管那时的蒸汽机车远远赶不上一百多年后高铁的速度，但由于是皇家专列，可以开足马力一路呼啸着驶向目的地，保定至北京之间大约150公里的路程还是一个多小时就跑完了。按照事先安排，十一点二十五分，回銮专列首先抵达丰台，"接驾各系官暨铁路洋员，均于站次迎迓。车停一刻钟，于十一点四十分开行；十二点整，抵马家堡车站"。之所以要在丰台停留片刻，乃是因为当时卢汉铁路尚没有全线建成，比利时公司的铁路只修好了至丰台这一段，再往北走，就是英国人修的津卢铁路了，所以就必须在丰台车站完成两家铁路公司车头及人员的交接。当然，这也意味着比利时工程师杰多第的任务完成了。鉴于自己这第一次乘火车的旅行还算舒心，慈禧太后便破例召见了这位洋人。除了当面对杰多第的工作进行一番表扬之外，老佛爷还慷慨地赏赐其一枚双龙宝星勋章，所有机组工作人员五千两银子。获如此厚赏，比利时人欢天喜地地谢恩告退。《万国公报》当年的报道说："太后初上火车时，洋人沙多（即杰多第——笔者注）立而迎接，铁路总办道员跪于地代为报名。太后慰劳良久，又使人问沙多曰，欲宝星乎？抑欲二品顶戴？沙多曰都好，遂赏之。"当然，此次回銮最后一段旅途能够舒心得意，老佛爷深知最应该奖赏的人无疑是直隶总督袁世凯，史书也记载说："此次袁慰帅蒙慈眷最优，太后有'母子二人全仗尔一人'之语。"

在丰台车站短暂停留后，回銮专列继续前行，于十二点整抵达终点站马家堡车站*，慈禧一行将在这里换乘轿辇进北京城。为迎接老佛爷临时休息，马家堡车站外事先已临时搭建了一座极大的席棚，即所谓"黄幄"。老佛爷虽在此等不了多久，"黄幄"仍是张灯结彩，里面陈设了各种瓷器书画，加上车站外临时搭建的牌楼，总共又是好几万两银子的花费。

八国联军占领北京期间的紫禁城太和殿。1900年摄

令老佛爷满意的是，从马家堡车站开始，沿途就跪满了前来迎驾的官员及百姓，偶尔还能有一些站在人群中的洋人来围观。

从马家堡换乘轿辇之后，慈禧一行便直奔北京城正南的永定门，之后将由那里沿中轴线一路向北回宫。而此时，北京城内也早已做好了迎接老佛爷回銮的各项准备。

虽然国家刚刚经历了一场巨大的战乱，北京城也被折腾得面目全非，可如今老佛爷回銮在即，底下的官员们为讨老佛爷欢心，即使花费再大也要营造出一派喜庆之气。早在二十天前，当回銮大军刚刚进入直隶省界时，北京这边的准备工作便开始了。例如在为修缮御道而专门下发的官方通知中就说：

钦命襄办京畿善后事宜，候补部堂胡，为出示晓谕（事）：京师外城

* 马家堡站落成于1897年，由英国人建造，与津卢铁路、卢汉铁路接轨，堪称最早的北京南站。1900年八国联军入侵北京，由于军事的需要，卢汉铁路的终点从卢沟桥修到永定门外马家堡，后便称京汉铁路。1900年庚子事变期间，马家堡火车站曾被义和团焚毁。1906年，京汉铁路经永定门延伸到前门，马家堡车站随即被撤销，20世纪50年代末拆除。

八国联军占领期间的北京
街市。其实对于慈禧的流
亡或回銮，大多数老百姓
并不关心。1900 年摄

八国联军侵华期间的天安门，一派破败荒凉景象。1900 年摄

八国联军占领期间的北京古
观象台。1900 年摄

八国联军占领期间的北京
东交民巷一带。1900 年摄

八国联军占领期间的北京前
门地区。1900 年摄

八国联军占领期间的北京市
民。1900 年摄

八国联军攻打北京时被毁坏的城墙。1900 年摄

西南偏居民，略为皇太后皇上回銮，由卢保铁路，乘火车入西便门，有乖体制。现自西便门外莲花池地方，接修御路一段，达右安门外，马家堡下车，恭备茶点，小坐片时，然后换乘御轿进永定门、正阳门还宫。此段御路，业经派人承修，刻已开工，统限一月内修成，沿途借占民地，一俟圣驾经过后，仍归地主，幸勿怀疑，切切特示。（转引自《义和团史料》）

据记载，仅仅由午门至正阳门桥牌坊之间的路段，沿途凡露明处所，一律要修饰整齐，所需的工料费估价就高达十二万九千余两白银。除了修缮道路，京城内的各处宫殿坛庙也都要紧急维修："宫里大高殿、仪銮殿本要等回銮后陆续修造。后来因天坛、地坛、日坛、月坛、先农坛都要从缓修理，大高殿系皇帝要去拈香的地方，只好把大高殿先行估价兴工。"回銮工程一方面耗费了大量国家财力，同时也多少刺激了市场，一些行当更是

迎来了难得的行情，例如："宣武门瓮门内外，向有人出卖瓦器。此次回銮，有办差的人去定买盆、罐、壶、瓶四项，总共一万件。造齐后运送到保定府，先付定价一半，平时卖京钱四百文一件者，登时涨至六百，脚钱尚须另加。"

对于大清朝而言，老佛爷回銮之旅的最后一程事关重大，不仅是一次国家大典，更事关朝廷体面，因此绝对马虎不得。在老佛爷即将进入北京城之前，主管部门甚至连欢迎人群的方位都布置好了：

先期由步军统领衙门、顺天府、五城御史拟定迎銮王公、百官、绅民、营队等接驾处所，绘图贴说，呈经庆邸阅定，由内阁留京办事处进呈御览。计分画如下：

黄幄迤西自芦沟桥至丰台、马家堡，由马提督、姜提督兵队接连沿途跪接，自丰台至正阳门，由步军五营兵队分段跪接；

黄幄迤东自马家堡至永定门外，由左右营弁兵、五城练勇分段跪接；

黄幄南向：全权王大臣、军机处、留京办事大臣、畔路大臣、内务府、三院、銮仪卫、侍卫处、顺天府、五城街道各衙门；

永定门内东至天桥：王、贝勒、贝子、公爵、宗人府、中书科、吏礼刑三部、理藩院、通政司、翰林院、詹事府、太仆寺、鸿胪寺、钦天监、八旗都统各衙门；

永定门内西至天桥：王、贝勒、贝子、公爵、内阁、外户兵工四部、仓场、都察院科道、大理寺、太常寺、光禄寺、国子监、八旗都统各衙门；

八旗、十二固山、参佐领、护军统领、火器营、健锐营、圆明园护军营，以上各官弁均排列石路东西跪接；

绅士排列石桥迤北一带，候补官排列天桥迤北一带，废员排列东西珠市口迤南一带，耆民排列东西迤北一带，五城练勇分列大栅栏、鲜鱼

口、打磨厂、正阳桥各地。（吴永口述《庚子西狩丛谈》）

《字林西报》前一天的报道也写道："两宫已定期于明日下午一点半钟至马家堡车站，由永定门入京，銮辂所经处两日内无论中外人士一概不准来往。由马家堡直至宫殿两旁所有铺户亦一律闭门，居民不准观看，各公使已决计不肯联络一同出外迎銮，有愿出迎者亦可听便。"

关于回銮大军从马家堡出发进入永定门时的情形，吴永是这样追述的：

火车抵马家堡，稍停；旋见军士擎枪奏乐。两宫先后下车。皇上御八抬黄缎轿，异轿夫均穿紫红色缎绣花衣，四围由侍卫、内监拥护，轿前排列兵丁、乐工、大旗；次为御用之衣箱、马匹、驮轿；次为骑马从人；次弓箭手、长枪手、马步兵。皇太后黄轿仪仗，均与皇上相同。又次则为各亲王、宫嫔，由马军门玉昆拥护。殿以皇后，同御黄缎轿，仪仗随从，视两宫稍减。宫嫔则用绿轿一顶，马车六辆。末后车马甚多，大抵皆随扈官员，内有穿黄马褂者八人。西安启銮前数日，四军机均赏黄褂；在开封又特赏数人；大约均备回銮仪饰之需。既入永定门，遵新修御道，缓缓而行。日映鸾旗，风吹羽盖，天仗极为严整。沿途文武官弁，驾班鹭序，东西衔接，皆鞠躬俯伏，肃静无声，但闻马蹄人迹，络绎不绝。（吴永口述《庚子西狩丛谈》）

前已述及，事实上当时吴永并未跟随慈禧回京，所有的细节都是他根据有关的报道和记载转述的，而老佛爷当时入城之后的心情究竟如何，又有谁能体会呢？进入永定门后，再往北，就是北京内城的正南门——正阳门了。远远望去，但见城楼之上矗立着两座临时搭建的牌楼，不知老佛爷此时会不会唏嘘不已？

众所周知，正阳门位居北京内城正南，是皇家出行必经之所，也是北京城的象征。在历史上，正阳门城楼也曾几度因失火被毁，但都没有像

八国联军攻打北京时被毁坏的正阳门箭楼。1900年摄

慈禧回銮时，为了装点门面，官员们在毁坏的正阳门城楼上临时搭建了两座牌楼。摄于 1901 年慈禧回銮期间

1900 年八国联军入侵时焚毁这般惨痛。庚子年间，美国军队在占领广渠门后转而攻打正阳门，用猛烈的炮火将四层箭楼削掉了两层。战乱中，正阳门城楼也被焚毁。更可气的是，尽管后来签订了和约，但占领正阳门城楼的美国军队却迟迟不肯撤退，反而在上面架设了大炮和机关枪，直到 1919年 11 月才由北洋政府收回。好在慈禧太后回銮之时，美国人倒也没有特别为难清朝的官员，答应让他们准备迎驾工作。因为正阳门城楼损毁严重，临时抢修已不可能，而为了免使老佛爷看到城楼的惨状心里不痛快，官员们仓促之间竟想出一个主意："令厂商先搭席棚，缭以五色绸绫，一切如门楼之式，以备驾到时借壮观瞻。"当时的报纸也以讽刺性的文字披露说：

> 京城正阳门门楼被旧年洋兵进城攻毁，两宫回銮要进这一重城门，皇太后恐怕看见城楼坍败，不免伤心；大臣们又怕皇太后看见城楼，少不得记念去年洋兵进京慌忙逃难的事，因此要把门楼修理齐整，好叫皇太后把庚子年七月廿一日的事，忘记在九霄云外，他老人家依旧好安心享福，这是做臣子的一片忠心。但是采办木石砖瓦很不容易，只好暂时搭盖彩棚两座，每座需白银二万余两，总共须五万两左右。（《杭州白话报》，1901 年第 19 期）

据报道，当天慈禧回銮抵京时，与周围四处洋溢的喜庆气氛相比，可能天气是唯一令人扫兴的了："今日两宫回銮，天气欠佳，竟日大风，致尘埃迷漫空际。"可尽管尘土飞扬，沿途迎驾的官员百姓及前来围观的洋人到底还是看清了老佛爷的尊容。时任《泰晤士报》记者的英国人莫理循就以亲历者的身份记录了这一幕：

> 今天上午去前门观看朝廷回銮典礼……等了好几个小时。到处都挤满了中国人。等了好长一段时间后，才看到皇驾车队蜂拥而来。先出现在视野里的是步兵队伍，举着许多銮旗，迈着整齐的步伐走来，紧接着

是手持长矛的骑兵，骑着从德国人手中买来的澳大利亚战马（看到这样的马上骑着这样的骑手，我感到非常惊讶，有万马奔腾之势）。而后才是銮驾。肃亲王身着崭新的黄马褂。通往皇城西北角一座庙宇的路上都铺上了黄沙。庙里的僧人都穿上精美的袈裟。皇帝乘坐的黄色轿子装饰得并不豪华，停在寺门外后，皇帝捧着唾壶下了轿子后就朝庙里走去，神情十分庄严，但又不显得趾高气扬。他双颊深陷，肩窄胸扁，面孔瘦长，满脸戚容，看起来很虚弱。他只在庙里待了一会儿，就回到轿子里。他的穿着很朴素，和一般的中国绅士一样。接踵而来的是慈禧太后的全副车仗，富丽堂皇，盛况空前……慈禧太后也来到这座庙，不同的是她乘着轿子进了庙门。庙不大，勉强能容得下她的随行人员。她的轿子比皇帝的豪华，上面装饰着许多孔雀翎。她昂首阔步走到殿里。烧香拜佛后，她在侍从的簇拥下走了出来。在庙门口，她挥手让他们退下。一名侍从替她撑起一把銮伞，她也挥手让他离开。她独自站在那里，用奇怪的目光看着我们。她衣着华丽，戴着满族的头饰，牙齿脱落，显得苍老，没有给人留下好印象。面对城墙上十多个国家穿各种各样稀奇古怪服装的人，她面不改色，显得勇敢自如，真令人情不自禁地感到钦佩。所有随从都对她毕恭毕敬，但是令人惊讶的是，随从之间却洋溢着友好、亲密无间的民主气氛。慈禧太后上了轿子就离开了，没有再到另一座庙去，那里还有许多人站在城墙上静候她的到来。我在一片烟尘中回了家。

〔《清末民初政情内幕——〈泰晤士报〉驻北京记者、袁世凯政治顾问乔·厄·莫里循书信集（1895—1912）》〕

或许是对去年八国联军入侵北京仍心有余悸，或许是真想利用此次难得的机会向西方世界呈现一个完全不同的自我，当天的老佛爷格外随和，甚至专门对人群中围观的洋人含笑示好。对此，当时几家较有影响的报纸都予以了特别关注。

《字林西报》：

皇帝乘黄舆入正阳门，端坐轩昂，皇太后黄舆方入正阳门时向东注视片刻，皇后端坐无视，两宫行经城瓮关帝庙，入庙拈香。西人携照相镜恭候待见，两宫出，摘帽高举致敬，两宫掀帘微笑点首者三。

两宫如期回京，一切典礼均照成案办理，观者人山人海，中有一二洋人以为华兵所逐未得瞻圣容，此为銮舆未至京时情景，至到京后则两旁均有洋人伫观，太后见之即拱手为礼。闻由马家堡以至宫殿，一路均经太后留心观视，自洋兵入京后究竟如何情景，而皇上则并不回头，此盖守孔子尊其瞻视之训也。

两宫未至之前居民出观者颇行拥挤，旋以銮舆将至即被驱入屋不准再出，圣驾经过处，两旁各兵均一起跪地，间有洋人直立于中，高举其帽，盖此洋人之往观者甚多，虽有各公使之禁以不顾也。

外务部特在跸路之旁预觅得大铺三处，专请各使馆人员及各洋人往观，各公使均却之，参赞随员等则往者甚多。皇上经过跸道时端坐舆中并不回顾，即有洋人在旁亦若无视尔。皇太后则不忍，所至之处，见有洋人，即命去帘，含笑拱手，至某处时，以某公使夫人曾经识面者，即指之以手且揖且笑。至前门时，两宫均降舆至某两庙拈香，该处洋人尤多，太后见之即笑而拱手以示恭敬，皇帝则仍置之不顾，一若未见者。西人以太后此次回銮颇极足恭，咸赞美之，几忘前恨矣。虽然事固往矣而足致人怨恨处，洋人何可一旦忘之而认其为无咎乎？盖去年中国国家所受大祸，皆有所致也。

《万国公报》：

太后进前门时有两洋兵持枪骑马在交民巷口遥立，于是岑春煊骑马在轿左紧随并行。当两宫在月城关帝庙行香进轿时微俯，洋人在城上误以为鞠躬也，咸脱帽以答。

《益新报》：

> 此次两宫回京至前门各庙堂祭告时，洋人聚观者甚众，其中各国公使教士妇女拍照相家以及报馆访事均有之。此次各洋人得见两宫，即欧洲亦无如此之易也。两宫至前门时，即降舆入关帝庙拈香，其时洋人在城墙上瞭望者约数百名，相距不过四十尺，其中照相者亦有十数家，均乘机在上拍照。两宫谒庙礼毕，乃入前门至观音庵门首。太后复降舆，经华官两人扶掖而入，庙中僧人等亦各捧祭器随其后。其时西人在该处观看者并无所见，只闻钟声而已。太后入庙五分钟即出，立于庙门首，举目仰望，见上有德公使暨其使馆各参赞以及美国护兵统领并其夫人，各报馆访事者，即举手作揖，各洋人亦答之以礼。太后行前数步，复深作一揖，乃登舆，然其目仍向上观望，连连作揖不止。是时满汉各兵及各微员均肃静跪于道旁，有平民数百名，本在城楼后面，以见有洋人在彼，亦放胆出观。此种情景，实与从前迥异。以从前无论中外人士，即公使等亦均不准出观也。太后形容一若有求洋人怜悯之意，今虽回京，而其心仍不免惴惴然，惧洋人之与之为难也。（转引自《义和团史料》）

尤其值得一提的是，几乎所有媒体都提到了一个细节，即慈禧回銮抵达正阳门后，当她下轿前往关帝庙上香时，抬头看见了正在城楼上对着她拍照的洋人。毫无疑问，这是一个极具历史意味的瞬间。就在一年多前，老佛爷还将洋人视为万恶的洪水猛兽，不顾一切地宣布与他们开战。而如今，面对与自己仅仅相隔十来米居高临下的洋人，老佛爷却竟然笑脸相向，任其对着自己拍照，这一切在以往任何时候都是不可想象的。

中午一时许，慈禧的銮驾抵达正阳门。按照惯例，老佛爷在底下人的陪同下进入瓮城内城门东侧的关帝庙上香。据史志记载，北京内城的瓮城内都各有一座庙，而唯独正阳门有两座庙，西为关帝庙，东为观音庙。正阳门关帝庙俗称"老爷庙"，始建于1388年，明朝时凡国家有大灾，都要到关帝庙上香，焚表祭告，可见其香火之旺盛。到清朝时，历代皇帝由天坛郊祭回宫时必在庙内拈香。此番历经逃亡西安的磨难，再度回归京城的老佛爷自然要格外感谢关圣人。在关帝庙停留一阵后，估摸着吉时将到，慈禧再度上轿，在文武百官的前呼后拥之下径直通过大清门，朝着紫禁城的方向奔去："黄舆均直入大清门，皇帝则由天安门、端门、午门、乾清门入乾清宫，太后进天安门、端门，出东阙门，经南池子、东华门，入太和门，居宁寿宫。"进入自己当年居住的宁寿宫，只见一班当初来不及逃亡被迫留下听天由命的嫔妃太监宫女们已跪在门外迎接老佛爷的归来。眼见老佛爷平安归来，一干人等不禁悲喜交加。回到阔别18个月之久的紫禁城，慈禧再度与宫眷们团聚，想必也是百感交集。至此，慈禧这次特殊的旅行总算圆满地画上了句号。最后，我们不妨借用吴永的话为慈禧回銮之旅煞尾："经年播越，劫后归来，城郭依然，人民如旧，两宫此际，不知作何感想耶？"

附记：慈禧及清朝皇室的照片故事

种种记载表明，1901年慈禧回銮最终抵达京城时，除了日本使馆明令禁止其工作人员去现场看热闹之外，几乎所有生活在北京的外国人都出动了。实际上，同中国老百姓一样，这些外国人见到皇室成员的机会也极为有限。因此面对这一千载难逢的场面，他们表现出了浓厚的兴趣。也正因有如此多的外国人围观，当慈禧回銮到达终点时，才给后人留下了比较多的反映当时场景的影像资料。据说慈禧的专列抵达马家堡火车站时，现场就有英国人架起照相机拍摄，可惜至今没有发现这组照片。倒是回銮大军由永定门进入正阳门，再穿过中华门时的场景留下了不少照片，据说是德国人在正阳门城楼以及道路两旁拍摄的。从专业的角度看，这些照片显然因系"抓拍"而效果不佳，但无疑是反映这一重大历史事件最珍贵的影像资料。

需要指出的是，在此之前，尽管不少清朝皇族成员都拍过照片，但摄影师要想将照相机对准慈禧太后是绝无可能的。因为这关乎皇家威仪，是断然不会被允许的。所以我们虽然有幸看到了当年慈禧回銮途经的行宫牌楼、府衙城垣、名胜古迹乃至迎驾官员的照片，但这些照片显然是銮驾到达之前"摆拍"的。从摄影手法看，应该是当地政府官员或者负责打前站的官员安排照相馆从容拍摄的。或许，这也是1901年慈禧回銮留给后人最大的遗憾吧。

由此也引出一个话题：清朝皇室与摄影。

众所周知，照相术正式诞生于1839年。而鲜为人知的是，早在鸦片战争刚刚结束后不久，照相术便传入了中国。更出人意料的是，中国现存最早的肖像照的主人居然就是一位清朝皇室成员，他就是时任两广总督的耆英。

爱新觉罗·耆英（1790—1858 年），字介春，满洲正蓝旗人，清朝宗室贵族，努尔哈赤之弟穆尔哈齐后裔，历任理藩院侍郎、内务府大臣、步军统领和户部尚书等职。1842 年 8 月，清军在鸦片战争中失败，耆英以钦差大臣的身份偕同广州将军伊里布等同英国签订了著名的《南京条约》。战争结束后，耆英以钦差大臣的身份任两广总督，兼办有关通商事宜，其在任期间又先后与英国签订《中英五口通商章程》和《虎门条约》，与美国签订《望厦条约》，与法国签订《黄埔条约》。

1844 年 9 月，法国代表拉萼尼来华，力图与中国签订有利的条约，朝廷再度下令由两广总督耆英负责交涉。10 月 24 日，在法国军舰"阿基米德"号上，耆英与拉萼尼代表中法两国签订了《黄埔条约》。就是在这场谈判中，耆英有生以来第一次见到了照相机，并留下了中国摄影史上现存最早的单人照片。

有关资料显示，耆英的这张照片是由时任法国海关总检查长于勒·埃及尔拍摄的。当时，埃及尔是作为和中国进行贸易谈判的代表，于 1844 年 10 月抵达澳门，然后又换乘"阿基米德"号到广州黄埔港。在中国期间，他参加了中法贸易协定的签字仪式，并用 1839 年刚刚诞生的达盖尔银版摄影法为两国代表拉萼尼和耆英拍照。通过这个小小的插曲，耆英向我们展现了他的特别之处。要知道，甚至在进入 20 世纪之后，由于怀疑会被摄去魂魄，很多中国人对照相还充满了恐惧。而作为最早接触照相机的皇室贵族，耆英能够神情自然地接受这新奇的洋玩意儿，可见其思想之开放。从现存的影像看，其人脸形瘦长、吊眼弯眉、额头闪亮，留着山羊胡子。如今，耆英的这张黑白正身人头像原件依然收藏在法国巴黎摄影博物馆里。据耆英本人向道光皇帝报告，他在任期间曾将自己的"小照"赠给英、法、美、葡等国使臣。

不过总的来看，在鸦片战争之后相当长的一段时期里，照相术这种洋玩艺儿只是在个别通商口岸有限存在，并没有对中国人的生活产生多大影响。直到第二次鸦片战争之后，随着越来越多的西方人进入中国，照相术才逐渐向中国内地流传。巧合的是，在这一历史关头，又一位清朝皇室贵族与照相术发生了联系。

1860 年 9 月，英、法联军在占领大沽口炮台后向北京进攻。22 日，咸丰皇帝仓皇逃往热河避暑山庄。临行前，他授权其弟恭亲王奕䜣与洋人议和。10 月 24 日，在英国方面选定的地点——位于天安门附近的礼部衙门，奕䜣作为全权代表与英国代表额尔金勋爵签署和约。签约仪式举行期间，英国临时随军记者费利斯·比托（Felice Beato，1832—1909）将照相机对准恭亲王试图拍照留念，而从未见过此物的恭亲王则惊恐地抬起头来，面如死灰，以为英国人要用这门样式怪异的"大炮"轰掉他的脑袋，英方赶紧向亲王解释这只是在给他拍肖像照。据说当比托忙于拍照时，出于好奇而围观的群众达一万多人。遗憾的是，由于当时室内光线不好，这次摄影并未获得成功。不过在一周后的 11 月 2 日，当恭亲王与额尔金再次会晤时，

恭亲王奕䜣，1860 年 11 月 2 日，费利斯·比托（Felice Beato，1832—1909）摄于北京

年轻时的醇亲王奕谭，中国摄影师梁时泰摄于 1862 年

比托又利用其特殊的身份为恭亲王补拍了一张肖像照。当天，对拍照已不再恐惧的恭亲王特地穿上一件紫色的、绣有黄龙的锦缎官袍。从画面效果来看，这张照片拍摄得非常成功，并在后世成了恭亲王的标准像。作为一个时代的见证，这张照片也成为中国近代史上的经典影像之一。

奕䜣之后，其兄弟醇亲王奕谭也是接触摄影较早的皇室成员。早在1862 年，奕谭就曾令著名本土摄影师梁时泰为自己拍摄了在南苑神机营的照片。1885 年 4 月，主管海军事务衙门的奕谭赴天津巡阅海防，其间他也请人拍摄了照片，并将部分照片进呈慈禧太后欣赏，后者也由此开始了解照相术。不过在皇宫内，最早接触照相机的应该是光绪皇帝。据 1898 年出版的《点石斋画报》披露，光绪在接见德国亲王时，允许其随行的外国摄影师在现场拍照，并派人员陪外宾在游览京师名胜时摄影。可能是受光绪的影响，据说其宠爱的珍妃也颇爱好照相，甚至曾暗中指使一个姓戴的太监在东

光绪之珍妃，据说也曾喜欢照相术

华门外开设了一家照相馆，结果此事被慈禧知道，后者一怒之下竟将戴姓太监杖毙。由于同慈禧之间存在恩怨，因此珍妃死后，其并无照片留存于皇宫，只是零星散落在民间。

尽管有少数皇室成员与照相术发生了联系，但种种记载表明，在1900年之前，慈禧本人对这种西洋事物应该是持排斥态度的。不过经过庚子事变之后，慈禧对待各类西洋事物的态度发生了巨大转变，无论是服饰、饮食、音乐还是照相，她都表现出了浓厚的兴趣，开始大胆亲身尝试。1901年辛丑回銮之后，为了拉近同西方外交官们的距离，改变西方世界对自己的看法，慈禧突然对照相术表现得极为热衷。

1903年，为了准备自己来年的70岁寿辰，慈禧太后特地请美国女画家凯瑟琳·卡尔进宫为自己画像。也就在准备画像前，慈禧偶然间认识了照相术的神奇。据德龄回忆，有一天，正在颐和园游玩的太后路过她的房间时，意外地看到了她在法国时拍的照片，立即为照片的逼真传神而叫绝。随即慈禧问德龄姊妹俩会不会照相，因为她决定在让卡尔女士画像前先照几张相。德龄的母亲赶紧回答说，虽然姊妹俩不会，但她的儿子勋龄却略懂。于是慈禧迫不及待地宣召勋龄进宫拍照。就这样，身为男性的勋龄从

美国女画家凯瑟琳·卡尔，曾入宫为慈禧太后画
肖像画

卡尔女士为慈禧太后画的肖像画

此竟得以自由出入宫廷，成为慈禧太后的御用摄影师。

接到命令后，勋龄便携带从法国带回国内的全套照相器材进宫，专门为慈禧太后拍照。按照德龄的记述，勋龄为慈禧所拍摄的第一张照片，是表现慈禧起驾前往仁寿殿的情形。当天天气晴好，当慈禧一行步入庭院时，勋龄已携带着笨重的照相设备等候在那里了。面对着那个神秘的木匣子，太后似乎感到非常好奇。她还让一名太监站到照相机的前面，然后自己通过镜头看到底是什么样子。当她看到镜头里太监的头是朝下的时候，觉得非常新鲜，德龄向慈禧解释说，照好以后就不是这样了。在拍完照之后，慈禧又执意前往暗房里去看看到底是怎么冲洗照片的。看到自己的照片泡在药水里，脸都是黑的，她非常吃惊。等冲洗完成以后，慈禧迫不及待地把照片拿回自己的房间欣赏。如今我们依然可以看到这张特殊的照片，照片

勋龄为慈禧所拍的第一张照片

上一大群太监及后妃、宫女们前呼后拥，大总管李莲英、二总管崔玉贵在前开路，慈禧太后端坐在肩舆上，地上还有她那条备受宠爱的长绒毛狮子狗。

有了第一次的成功后，慈禧太后便像上瘾似的迷上了照相。有意思的是，每次照相前，老佛爷都要查阅皇历，选一个黄道吉日让勋龄开展工作。据说为了追求更好的效果，勋龄每次都要连续拍好几张底版，最后从中挑选出精品献给太后。据统计，在1903年至1906年间，慈禧总共拍摄了30多张照片，随后放大印制数百张，每张有25.4厘米长，个别得意之作甚至放大成76.2厘米的巨幅照，让宫廷画师对照片着色，非常精细平整地托裱在硬纸板上，然后镶在长107厘米、宽85厘米的特制雕花金漆大镜框内，装帧极为考究。另外还专门配制了紫檀木匣盒，长128厘米、宽100厘米、

慈禧太后晚年时的御前女官德龄

德龄之妹容龄

厚 20 厘米，外加御用明黄色丝绣锦袄，其豪华程度堪称空前绝后。作为慈禧太后最钟爱的得意之作，这些照片一直珍藏在紫禁城中并流传至今。

　　1904 年，当德国皇储来华访问时，慈禧太后不但亲切地接见了客人，还慷慨地取出一幅制作精良的个人照片，托皇储转赠给德国皇后。为了显示大清朝廷对此事的重视，先由太监将太后的"玉照"放置在黄色的小亭子中，随后由他们恭恭敬敬地抬到外交部，最后派火车专列将其与德国皇储一起送到天津，由那里乘船前往柏林。

　　值得一提的是，晚年的慈禧太后似乎与照相有着特别的缘分，即使在她死后也有相关的故事发生。1908 年 11 月，慈禧太后去世。第二年 9 月，随着她的陵墓——东陵竣工，朝廷着手准备举行"奉安大典"。由于这次典礼规模巨大，世界轰动，一些新闻界人士便试图获得独家头条。就在这时，天津一家名为"福升"的照相馆老板发现了"商机"，鉴于当时国内报刊尚无摄影采访能力，他计划把"典礼"经过拍成照片高价出售。于是该老板

大清國當今慈禧端佑康頤昭豫莊誠壽恭欽獻崇熙聖母皇太后

慈禧太后晚年的御用摄影师勋龄为其所拍摄的照片，大部摄于 1904 年慈禧七十大寿前

花大价钱买通直隶总督端方的一个仆役，然后率领几名员工拉上全部照相器材，在大典沿途拍照。不料 10 月 1 日当他们拍照时，引起了一些警觉性很高的官员的质问。发生如此严重的"政治事件"，朝廷极为重视。最终"福升"老板被判十年监禁，而那位可怜的仆役则被永远监禁。其实涉事的端方也是一位摄影爱好者，并同样因此受到牵连。在奉安大典当天，他命人携带自己从国外购买的照相机，乘着他的马车四处拍照，甚至将正在现场行跪拜礼的隆裕太后也拍进了镜头当中。这件事被端方的政敌知道后，他们向摄政王载沣弹劾，内称"梓宫奉安之时，为臣子者抢地呼天，攀号莫及，而乃沿途拍照，毫无忌惮，岂惟不敬，实系全无心肝"，于是端方被免去了直隶总督兼北洋大臣在内的一切职务，直到两年后才再度被起用。

附录：辛丑年慈禧回銮行程日志

八月二十四日，辰刻，自西安行宫启銮，驻跸临潼县骊山行宫。

二十五日，由骊山行宫启銮，至临口镇驻跸。

二十六日，申刻驾到渭南行宫驻跸。

二十七日，午刻自渭南启銮，申正至华州驻跸。

二十八日，辰刻自华州启銮，至华阴县驻跸。

二十九日，雨中登华山，仍驻跸华阴县。

九月初一日，自华阴县行宫启銮，至潼关驻跸。

初五日，自潼关启銮，至阌乡县驻跸。

初六日，辰刻自阌乡启銮，申刻至灵宝县驻跸。

初七日，仍驻跸灵宝。

初八日，辰刻自灵宝县启銮，申刻抵河南之陕州驻跸。

初九日，仍驻跸陕州。

初十日，自陕州启銮，至陕州属之张茅镇驻跸。

十一日，巳刻自张茅镇启銮，至陕州属之观音堂驻跸。

十二日，仍驻跸观音堂。

十三日，由观音堂启銮，申刻至渑池县驻跸。

十四日，自渑池县启銮，至铁门镇驻跸。

十五日，午刻自铁门镇启銮，酉刻抵新安县驻跸。

十六日，驻跸河南府（洛阳）行宫。

十七日，仍驻跸河南府。

十八日，仍驻跸河南府。

十九日，仍驻跸河南府。辰刻出宫，谒关帝陵，幸龙门、伊阙；进膳后，复幸香山寺。

二十日、二十一日、二十二日、二十三日，仍驻跸河南府。

二十四日，自河南府启銮，申刻至偃师县驻跸。

二十五日，辰刻自偃师县启銮，申刻抵巩县驻跸。

二十六日，巳刻自巩县启銮，未刻抵汜水县驻跸。

二十七日，辰刻自汜水县启銮，未刻行抵开封府属之荥阳县驻跸。

二十八日，辰刻自荥阳启銮，至郑州驻跸。

二十九日，仍驻跸郑州。

三十日，仍驻跸郑州。

十月一日，辰刻自郑州启銮，申刻至中牟县驻跸。

初二日，辰刻自中牟县启銮，申正抵河南省城开封驻跸，一直停留至十一月初三日。

十一月初四日，巳刻自开封行宫启銮，渡黄河，申正至新店行宫驻跸。

初五日，由新店启銮，申正二刻至延津县行宫驻跸。

初六日，仍驻跸延津。

初七日，由延津启銮，申正二刻，抵卫辉府驻跸。

初八日，由卫辉启銮，至淇县驻跸。

初九日，自淇县行宫启銮，申刻抵宜沟驿驻跸。

初十日，由宜沟驿启銮，申正抵彰德府驻跸。

十一日，驻跸彰德府。

十二日，自彰德启銮，驻跸磁州。

十三日，由磁州启銮，至邯郸县驻跸。

十四日，由邯郸启銮，申刻抵临洺关驻跸。

十五日，仍驻跸临洺关。

十六日，驻跸顺德府。

十七日，自顺德府启銮，未刻驾抵内邱县驻跸。

十八日，由内邱县启銮，申正抵柏乡县城驻跸。

十九日，自柏乡启銮，申正抵赵州驻跸。

二十日，自赵州启銮，申刻抵栾城县驻跸。

二十一日，自栾城启銮，申刻至正定府城驻跸。

二十二日，驻跸正定。

二十三日，驻跸正定。

二十四日，巳刻自正定府启銮，改由铁路北上，于午正一刻驶抵定州，在铁路公司传备御膳，申刻抵保定府驻跸。

二十五日，仍驻跸保定。

二十六日，仍驻跸保定。

二十七日，仍驻跸保定。

二十八日，十点二十五分，自保定行宫启銮，十一点二十五分抵丰台，车停一刻钟，于十一点四十分开行，十二点整抵马家堡车站。下车换乘轿辇，入永定门，经正阳门、大清门入紫禁城。

主要参考文献

〔清〕李希圣著：《庚子国变记》，上海：上海书店，1982 年。

翦伯赞、荣孟源等编：《义和团》，上海：神州国光社，1951 年。

孙丽萍著：《流亡日志：慈禧在山西的 53 天》，太原：北岳文艺出版社，2011 年。

〔清〕孙承泽著：《庚子销夏记：外三种》，上海：上海古籍出版社，1991 年。

桑兵著：《庚子勤王与晚清政局》，北京：北京大学出版社，2004 年。

阿英编：《庚子事变文学集》，北京：中华书局，1959 年。

中国社会科学院近代史研究所近代史资料编辑室编：《庚子记事》，北京：中华书局，1978 年。

〔清〕吴永口述：《庚子西狩丛谈》，长沙：岳麓书社，1985 年。

李国荣主编：《庚子事变清宫档案汇编》，北京：中国人民大学出版社，2005 年。

李炳清编：《庚子蒙难》，北京：中国华侨出版社，1992 年。

张琦著：《庚子国变》，北京：中国民主法制出版社，2006 年。

〔清〕吕海寰撰：《庚子海外纪事》，台北：文海出版社，1974 年。

陈澄之著：《慈禧西幸记》，昆明：云南人民出版社，1981 年。

〔英〕濮兰德·贝克豪斯著：《慈禧统治下的大清帝国》，天津：天津人民出版社，2008 年。

〔美〕凯瑟琳·卡尔著：《一个美国女画师眼中的慈禧》，北京：中国工人出版社，2008 年。

〔美〕何德兰著：《慈禧与光绪：中国宫廷中的生存游戏》，北京：中华书局，2004年。

徐彻著：《一个真实的慈禧太后》，北京：团结出版社，2007年。

〔美〕德龄著：《德龄忆慈禧》，北京：中国广播电视出版社，1996年。

《清实录·德宗景皇帝实录》光绪二十六年至二十九年，第五八册，北京：中华书局，1987年。

张社生著：《绝版李鸿章》，上海：文汇出版社，2009年。

朱从兵著：《李鸿章与中国铁路：中国近代铁路建设事业的艰难起步》，北京：群言出版社，2006年。

梁启超著：《李鸿章》，武汉：湖北人民出版社，2004年。

王宏斌著：《赫德爵士传：大清海关总管》，北京：文化艺术出版社，2000年。

哲夫主编：《从鸦片战争到八国联军：1840—1900》，天津：天津人民出版社，2000年。

《辛丑琐记》，台北：学生书局，1987年。

〔清〕吴荣光著：《辛丑销夏记》，杭州：浙江人民美术出版社，2012年。

郑曦原著：《帝国的回忆：美国人眼中的晚清社会》，北京：当代中国出版社，2011年。

〔英〕乔·厄·莫理循著：《清末民初政情内幕——泰晤士报驻北京记者、袁世凯政治顾问乔·厄·莫理循书信集（1895—1912）》，北京：知识出版社，1986年。

冯玉祥著：《我的生活》，北京：解放军文艺出版社，2002年。

地方志：《郑州市管城回族区志》《陕县大营村志》《新店村志》《三门峡市交通志》《汤阴风物民俗志》《保定饮食文化志》《卫辉一中校志》《保定市文物志》《莲湖区志》《陕西警卫志》《洛阳关林志》等。

报刊：《清议报》《杭州白话报》《万国公报》《北京新闻汇报》《选报》《南洋七日报》《集成报》等。

图书在版编目（CIP）数据

慈禧回銮：1901 年的一次特殊旅行／杨红林著．—北京：
生活·读书·新知三联书店，2017.5
ISBN 978-7-108-05784-6

Ⅰ．①慈…　Ⅱ．①杨…　Ⅲ．①西太后（1835-1908）－生平事迹－摄影集
Ⅳ．① K827=52

中国版本图书馆 CIP 数据核字（2017）第 191657 号

选题策划　知行文化
特约编辑　赵庆丰
责任编辑　朱利国
装帧设计　刘　洋
责任印制　宋　家
出版发行　生活·讀書·新知 三联书店
　　　　　（北京市东城区美术馆东街 22 号　100010）
网　　址　www.sdxjpc.com
经　　销　新华书店
印　　刷　北京市松源印刷有限公司
版　　次　2017 年 5 月北京第 1 版
　　　　　2017 年 5 月北京第 1 次印刷
开　　本　635 毫米 × 965 毫米　1/16　印张 13
字　　数　169 千字
印　　数　00,001 - 10,000 册
定　　价　36.00 元
（印装查询：01064002715；邮购查询：01084010542）